KB133792

부모는 쉽게 가르치고
아이는 바로 이해하는
초등 수학

Arithmetic for Parents by Ron Aharoni

유대인 수학교수가 알려주는 집에서도 잘 가르치는 법

부모는 쉽게 가르치고 ✓
아이는 바로 이해하는 ✓

초등
수학

론 아하로니 지음 | 양원정 옮김

글담출판

아이의 공부를 도와주고 싶지만 수학이 두려운 부모에게

어른들은 대부분 어린 시절 수학을 공부했던 기억을 가슴 한편 어딘가에 꽁꽁 묻어 둔 채 살아갑니다. "수학을 꼭 잘해야만 하는 건 아니"라며 스스로 위안하면서 크든 작든 그때 경험한 트라우마를 애써 무시하지요. 그런데 그렇게 애써 외면해 온 수학을 자녀로 인해 다시금 마주하게 됩니다. 아이가 수학을 배우기 시작하기 때문입니다. 공부를 도와주고 싶지만 자신이 잘할 수 있을지 걱정이 앞섭니다.

우리는 더 이상 어린 시절 그 아이가 아닙니다. 추상적인 사고에 익숙할 뿐만 아니라 복잡한 문장을 다루는 능력과 문제의 핵심을 파악하는 능력도 뛰어납니다. 이러한 능력은 다시 마주한 수학을 쉽게 이해하고 받아들이게 합니다. 그러니 처음부터 두려워할 필요는 없습니다.

"좋은 첫인상을 남기는 데 두 번째 기회란 없습니다."라는 미국 속담이 있습니다. 인생에서와 마찬가지로 교육에서도 첫인상이 중요합니다. 특정 학문을 처음 어떻게 배우느냐가 그 과목에 대한 아이의 선입견을 좌우합니다. 당신은 아이에게 수학에 대해 어떠한 인상을 남겨 주고 싶은가요? 이 책의 목적은 이에 필요한 길잡이를 제공하는 것입니다. 사실 제가 이 책을 쓰게 된 계기이기도 합니다. 제 아들과 같은 학교에 다니는 학부모들이 자녀에게 수학 공부를 가르칠 때 도움이 될 만한 지침서를 써달라고 끊임없이 요청했기 때문인데요. 간단한 메모에서 시작한 일이 서서히 진척을 이루어 결국 책이 되었습니다.

제가 초등 부모를 위한 수학 교육법 책을 쓰고자 용기를 낼 수 있었던 것은 초등학교에서 아이들을 가르친 경험 덕분이었습니다. 제 친구 중 한 명은 중년의 나이에 안정적이며 전문가로서 인정받고 있던 직업을 내려놓고 교육자의 길을 인생의 새로운 목표로 정했습니다. 그리고 얼마 뒤 제게 초등 수학 교육의 질을 높이기 위한 프로젝트를 진행 중인데 함께 참여하지 않겠냐는 제안을 했습니다.

저는 대학에서 수학을 가르치고 있습니다. 늘 가르치는 일에 관심을 기울이며 대학생만이 아니라 청소년들을 위한 교육 활동에도 참여하고 있습니다. 다른 프로젝트에서 영재 초등학생과 고등학생을 지도하기도 했지요. 하지만 졸업한 이후로 초등학교에는 한 번도 발을 들여놓은 적이 없었습니다. 그래서 친구에게 제안을 받았을 때 가능한 한 많은 사람에게 조언을 구했습니다. 제가 얻은 조언은 대체로 비슷했습니다. 하나같이 "당신이 지금 무슨 일을 하려는지 잘 모르는 것 같군요."라고 충고하더군요. 영재 학생을 가르치는 일과 일반 학생을 가르치는 일은 판이하게 다르다고요. 초등학교 아이들을 가르치는 일은 전문적인 일로, 대학에서 학생들을 가르친 원리와 경험에 입각해 가르칠 수 있다고 믿는다면 어리석은 생각이라고 했습니다. 그러한 충고에도 불구하고 그 당시 저는 충분히 가능하리라 믿었습니다.

제가 가장 존경하는 스승님에게도 의견을 물었지요. 제 이야기를 듣자마자 스승님은 상상할 수 없을 만큼 버럭 화를 내었습니다. "절대로 할 생각 마세요!"라며 호통을 쳤습니다. "당신 같은 사람들이 초등 교육을 망치는 거예요. 초등학교 교수법에 대해 하나도 모르면서 환상만 가진 채 아이들을 지도하러 갔다가 큰 피해만 입히는 다른 학자들과 전혀 다를 바가 없어요."라고 하셨지요.

돌이켜 생각해 보면 그 모든 충고를 듣고도 아이들을 가르치기로 결심했다니 저 역시 믿을 수가 없습니다. 대학 교수의 순진한 자만심에, '어쨌든 그냥 선생님들보다는 내가 더 많이 알 거야.'라고 생각했던 듯합니다. 그리고 제가 그때 그 충고에 귀를 기울였다면 인생에서 경험할 수 있는 가장 멋진 모험을 놓쳤을 것입니다.

아이들을 만나러 간 저는 자신만만하게 구체적인 경험을 지도 목표로 정하였습니다. 처음 제가 가르친 아이들은 4학년과 5학년이었습니다. 저의 목표대로 아이들을 운동장으로 데리고 나가 나무와 정글짐 등 그림자 길이를 측정하게 했지요. 학생의 키와 학생의 그림자 간의 비比를 계산한 다음, 그 정보를 이용하여 나무의 그림자에 따른 나무의 높이를 계산했습니다. (이 아이디어는 역사상 최초의 수학자로 이름이 언급된 탈레스 Thales에게서 빌린 것입니다. 탈레스는 이 방법을 이용하여 피라미드의 높이를 계산했지요.) 또 운동장 위에 원을 그린 다음, 반지름과 지름, 원둘레를 측정하고 비교했습니다.

그리고 저는 머지않아 자만심의 대가를 무수히 치렀습니다. 의미 있는 가르침은 거의 없었지요. 수업은 대부분 엉망진창이었습니다.

운 좋게도 그맘때 저는 1학년을 가르치기 시작했습니다. 정말 스릴 넘치는 경험이었습니다만, 1학년 학생들과 만난 덕분에 저의 문제를 깨우칠 수 있었습니다. 1학년 아이들은 고정된 학습 방식이 없습니다. 어떻게 지도하고 이끌어 주느냐에 따라 변화무쌍하게 달라지죠. 덕분에 아이들에게 어떻게 수학을 설명해 줘야 가장 효과적으로 가르칠 수 있는지 발견할 수 있었습니다. 또 아이들이 저의 수업을 이해하지 못할 때는 대부분 제가 놓치고 간 설명 단계가 있음을 알게 되었죠. 성공적이지 못했던 수업도 성공했던 수업만큼이나 깨달음을 주었습니다.

이러한 경험들을 통해 저는 무엇을 배웠을까요? 아이들에게 다가가는 법과 수학을 아이들에게 쉽게 설명하는 법 그리고 아이들이 배우는 방식에 관해 많은 것을 배웠습니다. 그리고 한 단계, 한 단계 충분히 다져 나가는 것이 얼마나 중요한지도 배웠습니다. 초창기 제게 절대적으로 부족한 부분이었지요. 어른인 제게는 너무나 익숙한 개념들도 실제로는 수많은 교육을 통해 확립된 것이며 그중 어느 하나도 빠뜨려서는 안 된다는 사실을 이해했습니다.

아이가 경험하지 않은 일을 예시로 드는 것도 얼마나 잘못된 지도법인지 깨달았습니다. 아이들은 자신의 경험을 통해서만 개념을 이해하고 받아들입니다. 애초 제가 목표로 했던 구체적인 경험 학습이 맞았던 것이지요. 문제는 경험을 개념과 연결시켜 이해시키는 법을 몰랐다는 것입니다. 이러한 접근은 수의 개념이나 '보다 크다, 작다'처럼 가장 기본적인 수학 개념을 습득하는 데도 필수적입니다.

사실 이보다 가장 놀라웠던 점은 수학에 대해 많은 것을 배웠다는 것입니다. 만약 누군가가 초등학생을 가르치다 보면 수학을 다시 배우게 될 것이라고 말해 주었더라도 저는 그 말을 결코 믿지 않았을 것입니다. 하지만 놀랍게도 그런 일이 일어났습니다. 만약 고등학교 학생들을 가르쳤다면 이런 일은 일어나지 않았을 겁니다. 수학자에게 너무 익숙한 수학을 다루는 고등학교에서는 늘 하던 대로 하면 되지만, 초등학교에서는 생소한 상황에 놓이기 때문인데요. 초등학교는 수의 개념과 사칙 연산의 의미 같은 가장 기본적인 원론을 가르치는 곳입니다. 수학자들은 좀처럼 생각해 보거나 다루지 않는 내용이지요.

제가 아이들을 가르치면서 배운 수학은 사실 새로운 내용이 아니었습니다. 다만 이제까지와는 완전히 다른 중요한 세부 단계를 발견하였지요. 그리고 그것이 수학을 처음 배우기 시작한 아이들에게 얼마나 중요한 것인지를 확인하였습니다.

명색이 수학 교수인 저조차 시행착오를 겪었기에 부모들이 어떠한 고민을 안고 있을지 충분히 짐작이 됩니다. 전문 교육자가 아닌 내가, 그것도 수학을, 가르칠 수 있는 것인지 의문이 들 것입니다. 하지만 수학을 제대로 가르치는 일은 교육적 요령보다 수학적 원리를 이해하는 데 달렸습니다. 수학적 원리를 잘 이해하기 위해서는 수학의 단계를 차곡차곡 쌓아 나가는 방법에 익숙해져야 합니다. 또한 수학 원리는 구체적인 경험을 할 때 가장 쉽게 이해할 수 있습니다.

제가 초등 아이들을 가르치며 터득한 가장 이해하기 쉽고 정확하게 가르치는 방법을 이 책에 최대한 자세하게 소개해 놓았습니다.

1부에서는 교사가 보는 관점에서 초등 수학의 기본을 설명합니다. 수학이 무엇인지, 아이들이 왜 수학을 어려워하는지, 초등 수학에서 배워야 하는 것이 무엇인지 등을 소개합니다.

아이를 도와주려면 부모는 수학이라는 과목뿐만이 아니라 기본적인 교수 원리에 대해서도 어느 정도 알고 있어야 합니다. 그래서 이 부분을 설명하는 데 2부를 할애했습니다. 2부에서는 수학을 가르치기 힘든 이유부터 초등 아이들에게 수학을 이해시키는 가장 효과적인 3가지 방법을 설명했습니다.

그리고 3부에서는 본격적으로 초등 수학의 핵심, 즉 학교에서 가르치는 주요 수학 개념의 지도법을 최대한 구체적으로 설명했습니다. 도형 영역은 일반 교육 과정에서 10~20퍼센트 정도를 차지하나, 그 부분은 다루지 않았습니다. 연산, 즉 수의 성질을 다루는 공부에 집중하기로 결정했습니다. 이러한 선택을 한 이유는 초등 교육 과정이 산수에 중점을 두기도 하거니와, 연산이야말로 모든 수학의 절대적인 중심축이기 때문입니다. 이것만 완벽히 잡아 줘도 초등 수학은 완벽히 익혔다고 할수 있습니다.

이 책이 부디 수학을 싫어하는 부모도, 수학이 두려운 아이도 즐겁게 시작하여 수학의 매력에 빠지는 계기가 되면 좋겠습니다.

1부
수학은 왜 배워야 하는 걸까?

✓

2부
초등 수학, 어떻게 가르쳐야 할까?

3부
1학년부터 6학년까지 가장 쉬운 수학지도법

| 1장 | 개념 편: 수학 개념은 실제 상황을 통해 배워야 한다

| 2장 | 계산 편: 기계적으로 계산하는 공부에서 벗어나야 한다

수학은
왜 배워야
하는 걸까?

이 세상의 모든 이치는 수학 지식 없이 알아낼 수 없습니다.

- 로저 베이컨Roger Bacon, 철학자

수학이 어려운 이유

2학년 학생들을 가르칠 때의 일입니다. 당시 저는 아이들에게 수의 중요성을 설명하려고 애쓰고 있었습니다. 숫자를 너무나 싫어해 사신의 왕국에서 수 사용을 금한 어느 왕의 이야기를 들려주면서 말이지요. 학생들과 함께 머리를 맞대고 수가 없는 세상을 상상해 보았습니다. 얼마 안 돼 그러한 곳에 산다면 삶이 매우 제한될 수밖에 없다는 사실을 깨달았습니다. 사탕이 먹고 싶어도 얼마를 줘야 할지 알 수 없어 사지 못할 것이며, 친구와 만나고 싶어도 시간을 알 수 없으니 약속 시간을 정할 수도 없다는 것을 알았기 때문입니다. 이렇게 하나하나 떠올려 보는 사이 아이들은 수의 중요성을 이해하기 시작했습니다.

이 이야기는 우리 삶에서 수학이 얼마나 중요한가를 보여 주는 일례일 뿐입니다. 문명과 기술이 발전할수록 우리 삶은 점점 더 수학에 의존하게 되었습니다. 노벨 물리학상 수상자인 스티븐 와인버그Steven

Weinberg는 자신의 저서 『최종이론의 꿈Dreams of a Final Theory』에서 두 챕터를 할애해 수학을 다루었습니다. 특히 수학의 유용함을 깨닫고 얼마나 놀랐는지 모른다며 반복적으로 고백했습니다.

그런데 사실 여전히 잘 모르겠다는 사람도 있을 것입니다. 수학이 얼마나 유용한 것인지 그것이 나와 무슨 상관인지 말이지요.

수학이 유용한 이유를 이해하기 위해서는 우선 '수학이 무엇인지'를 알아야 합니다. 간단한 문제는 아니지요. 심지어 수학 전문가들도 해답을 내놓기 어려워합니다. 20세기의 뛰어난 수학자이자 철학자이며 평론가이기도 한 버트런드 러셀Bertrand Russell은 수학자들을 가리켜 "자신이 무엇을 하는지도 모른다."라고 평했습니다. (철학자에 대한 비판은 이보다 더 가혹했습니다. '어두컴컴한 방안에서 존재하지도 않는 검은 고양이를 찾는 맹인'이라고 했으니까요.) 대부분의 수학자가 수학이 정확히 무엇이고 자신이 무슨 일을 하는지 스스로 묻지 않는다고 하니, 적어도 어떤 의미에서 러셀의 비평은 참이라고 할 수 있겠지요.

수학이 무엇인지 답하기 위해 먼저 간단한 예시를 살펴볼까 합니다.

3+2=5는 무엇을 의미할까요?

저는 1학년 학생들을 가르치면서, 아이들에게 '연필 3자루에 연필 2자루를 더하면 연필은 모두 몇 자루가 되는지' 풀어 보라고 했습니다. 아이들은 '더하는 것'이 '합하는 것'이라는 사실을 알기에 연필이 총 5자루라고 대답했습니다. 저는 이렇게 물었습니다. "단추 3개에 단추 2개를 더하면 단추는 모두 몇 개가 될까요?" 그러자 아이들은 주서하시 않고 "5개요." 하고 답했습니다. "어떻게 알았나요?" 하고 물으니 이렇게 답하더군요. "이미 풀었던 문제인걸요." 저는 다시 물었습니다. "하지만 이전 문제는 연필을 세는 것이었어요. 연필을 세는 것과 단추를 세는 것은 다르지 않나요?" 아이들은 웃었습니다. 제가 아이들을 웃게 하려고 쓸데없는 질문을 한 걸까요? 오히려 그 반대입니다. 그 질문에는 수학의 비밀, 즉 '추상화'의 개념이 담겨 있거든요. 질문하는 것이 연필인지, 단추인지, 사과인지는 중요하지 않습니다. 모두 정답이 같으니까요. 이것이 바로 우리가 추상적으로 '3+2=5'라고 말할 수 있는 이유입니다.

이는 수학이 사고 과정을 추상화하는 아주 기본적이고도 대표적인 예시입니다. 분명 모든 사고는 어느 정도 추상적입니다. 하지만 수학은 사고의 가장 기본적인 과정을 추상화한다는 점에서 독특합니다.

3+2라는 질문은 물건 3개와 물건 2개를 합하라는 언뜻 보기에 매우 간단한 지시처럼 보입니다. 하지만 이 하나의 질문에도 수많은 의문이 뒤따를 수 있습니다. '연필인가요, 사과인가요?' '손에 쥐고 있는 물건인가요, 테이블 위에 있는 물건인가요?' '테이블 위에 있는 물건이라면 어떻게 정렬되어 있나요?' 등 말이지요. 수학은 이 모든 세부 사항을 무시합니다. 물건들이 합해진다는 사실과 합산한 결과만을 묻는 것입니다. 다시 말해 물건이 모두 몇 개인지만을 묻습니다.

추상적 사고는 인간이 환경을 지배할 수 있는 비결입니다. 우리가 세상에 효율적으로 대처할 수 있는 것도 이 추상적 사고 덕분이지요. 또

'지금 여기'라는 경계를 넘어설 수 있는 것도 이 사고 때문이고요. 만약 연필 3자루 더하기 연필 2자루가 연필 5자루와 같다면, 연필을 사과로 바꾸어도 마찬가지이고, 내일 적용해도 마찬가지일 것입니다. 한 번의 노력으로 세상 전체에 관한 정보를 갖게 되는 셈입니다.

이렇듯 추상화는 대단히 유용합니다. 수학에서는 말할 것도 없지요. 수학은 한계에 다다를 때까지 추상화하기 때문입니다. 따라서 수학이 쓸모 있고 실용적이라는 사실은 그리 놀라운 일이 아닙니다.

✎ 모든 사람이 수학을 배워야 할까?

사람들은 제가 수학자인 사실을 알게 되면 괴로움에 찌푸린 표정을 간신히 숨긴 채 엷은 미소를 띠며 이렇게 말합니다.

"수학은 제가 썩 잘하는 과목이 아니었어요."

그리고 수학 때문에 괴로워했던 시간을 떠올리면서 이런 말을 덧붙입니다. "그런데 왜 수학을 배워야 하는지 모르겠어요." "수학처럼 괴로운 공부를 꼭 해야만 하는 걸까요?" "그냥 수학을 배우지 않으면 안 되나요?" "스마트폰에 계산기가 다 있는데, 굳이 수학을 배워야 하는 이유가 있을까요?"

이런 질문을 받을 때마다 저는 수학은 모든 전문적인 일의 핵심이며 우리의 일상 속에서 중요한 역할을 차지한다는 빤한 대답을 하곤 합니다. 사실 건축 같은 대표적인 전문 분야는 물론, 과거의 도시가스 사용량 데이터를 바탕으로 미래의 세대별 사용량을 예측하는 일이나 외국어를 인공지능으로 번역하는 일 등 이 모든 것이 수학이 있기에 가능하기 때문이지요.

그러나 수학은 이러한 실질적인 쓸모를 넘어서 훨씬 더 많은 것을 안겨 줍니다. 추상적 사고를 가르치고, 필요한 것과 불필요한 것을 구분해 논리적인 결과를 도출하는 사고 능력을 길러 주거든요. 이는 수학에서 배울 수 있는 가장 중요한 자산입니다.

그렇다고 해도 여전히 다음 문제는 해결되지 않습니다.

"수학은 왜 이리 어려울까요? 수학을 배우는 일은 고통스러울 수밖에 없는 걸까요?"

문제는 가르치는 데에 있습니다.

수학이 어려운 이유는
추상적인 개념을 전달해야 하기 때문입니다.

아이들에게 칠레의 수도는 알려 줄 수 있지만, 아이들을 대신해 추상화해 줄 수는 없습니다. 이 과정은 아이들 스스로 성취해야 하지요. 구체적인 것에서 추상적인 것으로 나아가는 사고 과정을 거쳐야 하는 것입니다. 이 과정에서 선생님의 역할은 학생이 올바른 순서로 정확하게 나아갈 수 있도록 안내하는 일입니다. 그것은 쉽게 얻을 수 있는 간단한 기술이 아닙니다. 하지만 불가능한 것도 아니지요. 이 책에서 저는 그 방법을 가르쳐 주고자 합니다.

수학의 쓸모

수학의 진정한 미덕은 우리의 수고를 덜어 주는 데 있습니다. 삶에 이미 자연스럽게 녹아들어 우리는 미처 인지하지 못하지만 수학은 우리의 사고를 절약시켜 줍니다. 질서 찾기, 일반화하기, 간결하게 표현하기란 방법으로 말이죠.

✏️ 질서 찾기: 질서를 가질수록 편리해진다

카를 프리드리히 가우스Carl Friedrich Gauss는 19세기 무렵의 가장 위대한 수학자였습니다. 수학 역사에서 가장 유명한 일화 중 하나를 통해 그의 재능이 얼마나 빛났는가를 알 수 있습니다.

한 초등학교 교실에서 선생님이 반 아이들에게 1에서 100까지의 수를 모두 더하라는 문제를 냈습니다. 아이들이 문제를 푸는 동안 잠깐 휴식을 취할 생각이었지요. 그런데 한 학생이 놀랍게도 몇 분 만에 5050이라는 답을 내놓아 선생님의 달콤한 계획은 무산이 되고 말았습니다.

그 학생이 바로 가우스입니다. 선생님은 깜짝 놀랐습니다. 아이들이 적어도 몇 10분 동안 끙끙대며 계산할 것이라고 예상했던 문제를 그렇게 빨리 풀다니요. 어떻게 푼 것일까요? 가우스는 자신이 계산해야 하는 문제인 1+2+3+⋯+98+99+100을 바라보았습니다. 그리고 맨 처음의 수와 맨 끝의 수인 1과 100을 더했습니다. 결과는 101이었습니다. 그런 다음 두 번째 수와 끝에서 두 번째 수인 2와 99를 더했습니다. 결과는 이번에도 101이었습니다. 3과 98을 더했을 때도 결과는 101이 나왔습니다. 이런 식으로 합이 101이 되는 수끼리 짝을 지었더니 50쌍이 나왔습니다. 101이 50번 반복되는 것이지요. 가우스는 이 결과로부터 5050이라는 총합을 빠르게 도출한 것이었습니다.

어린 가우스가 그 문제에서 발견한 것은 바로 질서였습니다. 그는 무질서하게 보이는 수들 사이에서 어떠한 패턴을 발견했습니다. 그러자 전체 상황이 바뀌면서 갑자기 문제가 간단해졌지요.

무질서하게 나열된 전화번호부를 상상해 보세요. 누군가의 전화번호를 찾으려면 이름 하나하나 확인해 가며 전체를 뒤져야 할 것입니다. 하지만 전화번호부가 글자 순서로 배열된 덕택에 우리는 비교적 적은 노력으로 원하는 전화번호를 얻을 수 있지요.

언제 적 이야기냐고요? 그렇다면 낯선 동네에서 사는 일이 얼마나 번 거로운지 한번 생각해 보세요. 슈퍼마켓이나 세탁소를 이용하려고 해도 동네를 뒤져야 합니다. 하지만 익숙한 동네에서는 빨래는 어디에 맡기면 되는지 반찬은 어디가 맛있는지 등 살아가는 데 필요한 모든 정보를 이미 가지고 있습니다. 질서, 패턴을 가질수록 편리해지는 것이지요.

✎ 일반화하기: 지금 발견한 원리를 다른 영역에도 적용할 수 있다

수학자들의 본성을 다룬 재미있는 이야기들이 많은데요. 다음에 소개하는 내용은 아마 그중에서도 가장 잘 알려진 이야기일 것입니다. 저는 제가 가르치는 모든 학생에게 이 이야기를 들려주는데요. 가장 친근할 뿐 아니라 가장 유용하기 때문입니다. 이 이야기는 '한 번 해낸 작업은 다시 할 필요가 없다.'라는 수학적 실천 원리를 이해하기 쉽게 설명해 줍니다.

> 수학자와 물리학자를 어떻게 구별할 수 있을까요? 당신은 수학자와 물리학자에게 이렇게 물을 수 있습니다. "거실에 주전자가 하나 있다고 가정해 보세요. 어떻게 물을 끓일 수 있을까요?" 물리학자는 이렇게 대답합니다. "주전자를 부엌으로 가지고 가서 물을 채우고 스토브에 올린 다음 불을 지핍니다." 수학자도 똑같이 대

답합니다. 이번에는 이렇게 묻습니다. "부엌에 주전자가 하나 있다고 가정해 보세요. 이제는 어떻게 물을 끓일 수 있을까요?" 물리학자는 이렇게 대답합니다. "주전자에 물을 채우고 스토브에 올린 다음 불을 지핍니다." 하지만 수학자는 다르게 대답합니다. "주전자를 챙깁니다. 그다음은 앞에서 이미 풀었던 문제입니다!"

앞에서 이미 푼 문제라고 대답한 수학자를 통해 알 수 있듯이 수학은 불합리한 사고를 아낍니다. 사고의 절약을 우선하기 때문이지요.

이렇게 하나의 영역에서 발견한 원리를 다른 영역에서도 적용하는 일반화 현상은 모든 수학적 입증과 논증에서 나타납니다. 이미 증명되었으니 이제는 그것을 이용할 수 있다면서 말이지요. 사실 우리가 지금 발견한 것이 다른 상황에서도 유효할 것이라는 개념은 모든 추상화의 바탕이라고 할 수 있습니다.

단계적으로 증명하기: 귀납법

'이 문제는 이미 풀었다.'라는 원리에 전적으로 근거한 수학적 사고가 있습니다. '수학적 귀납법'이라고 하지요. 보통 귀납법은 여러 구체적인 사례를 통해 결론을 얻는 방법이지만 수학에서는 다릅니다. 수학적 귀납법은 어떤 하나가 참이면 언제나 다음 명제도 참임을 증명하는 방법으로 이루어집니다.

어느 한 지점에 다다르기 위해서는 여러 단계를 거쳐야 합니다. 그리고 각 단계는 이전 단계 즉 '이전 것은 이미 풀었다.'라는 사실에 근거하여 확립됩니다. 귀납법 덕분에 매번 이전 단계로 굳이 돌아가지 않아도 되는 것이지요. 이 책 전반에 걸쳐 우리는 여러 차례 이 과정을 맞닥뜨리게 될 것입니다. 하지만 그때마다 명시적으로 언급하지는 않을 것입니다. 귀납법을 보여 주는 예로 십진법이 있습니다. 한 자릿수인 '일'이 10개 모이면 '십'이라는 새로운 자릿수가 되고 '십'이 10개 모이면 다시 '백'이라는 새로운 자릿수가 되기 때문이지요. 또 다른 예로는 계산이 있습니다. 산술 연산을 할 때 사용되는 알고리즘은 모두 귀납법에 기초하고 있답니다.

✎ 간결하게 표현하기: 간단하면서도 정확하게 표현할 수 있다

우리는 수와 수학적 명제에 너무 익숙한 나머지, 처음부터 그랬던 것이 아니라는 사실을 잊어버리곤 합니다. 수의 표현도 그렇지요. 약 3000년 전까지만 해도 수는 직접적으로 표기되었습니다. 예를 들면 '4'는 반점 4개 혹은 선 4개로 표시되었지요. 작은 수를 쓸 때는 괜찮았지만, 큰 수를 쓸 때는 비실용적인 방법이었습니다. 우리는 현재 십진법을 사용함으로써 큰 수도 간결하게 표현할 수 있습니다. '백만'이라는 큰 수도 '1,000,000'이라는 숫자로 나타낼 수 있게 되었지요.

명제의 표현 역시 마찬가지입니다. 수학적 명제는 구어체 문장과 같았습니다. 약 2000년 전만 해도 수학적 명제는 문장으로 표현되었습니다. '3개 더하기 2개는 5개이다.'처럼 말입니다. 그후 '공식'이라는 아주 유용한 도구가 발명되었습니다. 공식을 만든 창안자는 대수학의 아버지라고 불리는 디오판토스Diophantus로 추정됩니다. 그는 기원전 3세기 알렉산드리아에서 활약했던 그리스 수학자입니다. 그 덕분에 문장보다 간단하면서 정확하고 체계적으로 처리할 수 있게 되었습니다.

등호는 언제 만들어졌을까?

오늘날 우리가 사용하는 기호는 천천히 점차적으로 발달했습니다. 현재 쓰이는 양식은 16세기와 17세기를 거쳐 굳혀졌지요. 예를 들어 등호(=)는 16세기 중반 무렵에 나타났습니다. 등호를 발명한 영국 수학자 로버트 레코드Robert Recorde는 "같은 길이의 선 2개보다 똑같은 사물은 없다."라고 말하며 등호를 '=' 로 표현한 이유를 설명했습니다.

수학에 매료될 수밖에 없는 진짜 이유

2학년 수업에서 학생들에게 곱셈의 교환 법칙을 증명하고 있을 때의 일입니다. 맨 앞줄에 앉은 한 학생이 그 증명을 물끄러미 바라보더니 나지막이 이렇게 말하는 것이었습니다.

"와, 아름답다."

만약 수학자들에게 자신이 하는 일의 어떤 점에 매료되었는지 묻는다면 아마 십중팔구는 '아름다움'이라고 답할 것입니다. 지금까지 수학이 일상생활에서 얼마나 유용한지에 대해서 이야기했습니다. 하지만 수학을 다루는 사람에게는 그것이 수학이라는 학문에 매진하는 본질적인 이유가 아닙니다. 수학자에게 중요한 수학의 특성은 바로 아름다움입니다. 수학적 발견은 발견한 사람은 물론, 그 발견을 공부하는 사람 모두에게 심미적인 만족감을 선사합니다.

이렇게 말하면 수학이 도대체 어떻게 아름다울 수 있는지 의아할 수 있습니다. 수학이라는 딱딱하고 무미건조한 학문과 예술에서나 느낀 법한 아름다움 사이에 도대체 어떤 관계가 있는 것인지 이해하기 어려운 것이지요.

아름다움이란 과연 무엇일까요? 수학은 언뜻 보면 아름다움의 영역에서 불청객처럼 보입니다. 하지만 수학이야말로 아름다움이 무엇인지에 대한 물음에 명확한 답을 제시해 줍니다. 왜냐하면 수학은 우리가 아름다움의 의미에 관해 꽤 완전한 합의를 이뤄 낸 영역이기 때문입니다. 그 합의란 바로 '새롭고 예상하지 못했던 원리를 발견할 때 수학은 아름답다.'입니다. 십진법을 창안한 사람은 틀림없이 강렬한 심미감을 느꼈을 겁니다.

그래서일까요. 수학자 칼 바이에르슈트라스Karl Weierstrass는 "시인다운 면모가 없는 수학자는 결코 완벽한 수학자가 될 수 없다."고 말했습니다. 또 건축가이자 발명가인 버크민스터 풀러Buckminster Fuller는 "해답이 아름답지 않으면 저는 그것이 틀렸다고 생각합니다."라고 말하기도 했습니다.

수학과 예술은 '질서'와 '절제'라는 두 가지 측면에서 공통점을 지닙니다. 예술도 수학처럼 세상에서 질서를 발견합니다. 예를 들어 음악은 소리를 정렬한 것이며 그림은 시각적 경험에 질서를 만들어 낸 것입니다. 수많은 생각을 짧은 글에 담아내는 시는 절제가 돋보입니다. 독일어로 시적 작품을 'Dichtung'이라고 하는데요. 이는 '응축'을 의미하지요. 잠재의식이 질서를 지각할 때 질서는 미적 감각을 불러일으킵니다. 절제를 통한 의미 함축 역시 마찬가지입니다.

어린 시절에 배웠던 초등 수학에는 이제까지의 발견 중
가장 아름다운 수학적 발견이 포함되어 있습니다.

그렇다면 왜 대부분의 사람이 그 아름다움을 깨닫지 못할까요? 그 이유는 수학을 기계적으로 배우기 때문입니다. 하지만 아직 늦지 않았습니다. 초등 수학의 원리를 새로운 눈으로 본다면 수학적 아름다움을 재발견할 수 있기 때문입니다. 저도 그러한 경험을 했다고 자신 있게 말할 수 있습니다.

수는
왜 생겨났을까?

9살인 제 막내딸은 생일 카드를 쓸 때 "많이, 많이, 많이, 많이…… 사랑해."라는 말로 끝맺는 것을 참 좋아합니다. '많이'라는 말로 카드 절반을 채우지요.

수가 발명되기 수천 년 전에는 제 딸아이처럼 사람들이 표현을 했을 것입니다. '돌 3개' 대신 '돌, 돌, 돌'이라고 말입니다. 수가 발명된 이유에 대해 이제 말하지 않아도 알 수 있을 것입니다. 지금까지 누누이 말해 온 절약하기 위해서입니다. 제 딸도 카드 절반을 많이라는 말로 채우는 대신 "100배만큼 많이 사랑해."라고 쓸 수 있을 것입니다. 물론 같은 효과를 발휘하지는 않겠지만요.

어느 날 저는 제가 가르치는 3학년 아이들에게 수를 사용하는 것이 얼마나 경제적인지 알려 주고 싶었습니다. 그래서 이야기 하나를 들려주었지요. 물론 이야기를 하기 전에 단서를 주었습니다. "제가 지금 들

려주려고 하는 이야기는 어떤 것이 발명되기 전에 일어난 일이에요. 그
것이 무엇일지 이야기를 들으면서 맞춰 보길 바라요."

석기 시대에 살았던 한 남자가 사냥을 마치고 동굴로 돌아와 아내
에게 이렇게 말했어요. "토끼, 토끼, 토끼, 토끼를 잡아 왔어." 그
러자 아내는 "고마워요, 고마워요, 고마워요."라고 대답했답니다.

아이들은 별 어려움 없이 이 이야기가 수가 발명되기 전에 일어난 일
이라는 사실을 짐작해 냈습니다. 오늘날 우리라면 간단하게 '토끼 4마
리' 또는 '3배로 고마워요.' (관례적인 표현으로는 '정말 고마워요.'가 되겠네
요.)라고 말했을 겁니다. 토끼 4마리를 '토끼, 토끼, 토끼, 토끼'라고 말한
다고 해서 문제가 되지는 않습니다. 하지만 남편이 만약 토끼를 100마
리 잡았다고 생각해 보세요.

1, 2, 3⋯⋯과 같은 수는 같은 단위의 사물이 여러 개 있다는 사실에
서 생겨났습니다. 수가 발명된 것은 너무나 자연스러운 일이었으므로
이름도 '자연수'라고 붙여졌지요. 분수, 음수, 실수, 복소수와 같은 수는
모두 자연수가 등장한 이후에 발명되었는데 이러한 수들은 실생활과는
동떨어진 수로, 자연수보다는 부자연스럽습니다. 이 책에서 '수'라는 단
어가 혼자서 쓰인다면 그것은 자연수, 즉 정수를 일컫는 것입니다.

✎ 수학에서 수의 의미는?

지나가는 사람에게 수학이 무엇이냐고 묻는다면 아마 많은 사람이 '수'라는 단어가 포함된 답을 말할 것입니다. 수학은 수를 다루는 학문이니까요. 하지만 수학자들은 이 대답이 정확하지 않다는 사실을 압니다. 기하학과 같은 특정 수학 분야에서는 직접 수를 다루지 않으니 말입니다. 그럼에도 '수는 수학에서 특별한 역할을 한다.'라는 일반적 견해는 많은 부분 사실입니다. 거의 모든 수학 분야에서 수가 나타나기 때문입니다.

앞서 말했듯이 수학은 사고의 기초 과정을 추상화합니다. 수는 그 과정에서 중심 역할을 하지요. 왜냐하면 추상화는 세상을 사물로 분류해 내는 모든 과정에서 가장 기초가 되는 작업이며 그 결과가 수로 나타나기 때문입니다. 인간은 세상의 모든 것을 인식할 수 없습니다. 그중 일부만을 인식하지요. 인간은 그 일부를 다른 것과 분리해 하나의 단위로 묶은 뒤 '사과, 의자, 가족'과 같은 이름을 붙였습니다. 이것이 바로 언어가 생겨난 원리이자 '1'이라는 수가 탄생하게 된 이유입니다. '사과 1개', '의자 1개', '가족 1개'를 표현하기 위해서지요. 자연수는 같은 유형의 단위를 반복합니다. 사과 2개, 사과 3개처럼요.

✎ 수가 중요할까? 단위가 중요할까?

수는 중요합니다. 하지만 무엇보다 중요한 것은 단위, 즉 수가 세고 있는 대상입니다. 앞에서 말했듯이 수는 물건을 세는 것에서 시작되었습니다. 단위 없이 존재하는 추상적인 수는 이보다 나중에 생겼지요. 2+3=5라는 결과는 의자나 사과 등을 포함해 모든 사물에 적용이 가능합니다. 이 연산의 결괏값은 수가 단위에 달려 있지 않다는 사실에서 유래되었습니다. 이에 따라 사람들은 추상화하기 시작했습니다. 사과 4개와 의자 4개로부터 '순수한' 수, 즉 단위가 붙지 않은 '4'라는 수를 발명했지요.

아이들은 구체적인 예를 많이 다루어야 추상화 작업으로 나아갈 수 있습니다. 따라서 순수한 수를 가르치기에 앞서 단위와 함께 쓰인 수를 먼저 가르쳐야 합니다. 사물을 세는 행위를 통해 수를 가르쳐야 한다는 말입니다. 이것이 수의 개념을 확립하는 유일한 방법입니다. 그리고 물건을 셀 때는 항상 단위가 함께 언급되어야 합니다. "여기에 연필 몇 자루가 있나요?"라고 물으면 "4요."가 아니라, "4자루요."라고 대답해야 하지요.

저는 단위를 가르칠 때 아이들에게 종종 "2개 주세요."라고 요청합니다. 그러면 아이들은 무엇을 달라는 것인지 의아한 표정을 짓습니다. 이를 통해 아이들은 무엇이 2개인지를 함께 말해야 한다는 사실을 깨닫게 됩니다.

연산은 단위를 정의하는 일에서 시작한다

산술 연산에서 첫 번째로 배우는 것은 덧셈도, 뺄셈도 아닙니다. 그 것은 바로 수를 탄생시킨 장본인인 단위를 정의하는 일입니다.

단위 정의는 수학적인 개념을 가지는 데도 도움을 줍니다. 특히 '집합'이라는 개념의 기초가 됩니다. 집합이란 같은 성질을 가진 대상들의 모임으로, 몇 개의 낱개를 묶으면 새로운 단위 집합을 형성할 수 있다는 사실에서 생겨났습니다. 예를 들어 아이들 20명이 교실에 모여 '학급'이라는 집합을 형성하고, 선수 5명이 모여 '농구팀'이라는 집합을 형성하는 것처럼요. 이는 수를 체계화하는 데 사용되는 십진법에서 아주 두드러집니다. 10개가 모여 '십'이라는 새로운 단위가 만들어지고 '십'이 10개 모여 다시 '백'이라는 새로운 단위가 만들어지거든요.

✎ 수는 질서를 부여한다

수는 물건을 셀 때뿐만 아니라 물건에 질서를 부여할 때도 사용됩니다. '첫 번째, 두 번째, 세 번째……'처럼 말이지요. A라는 수가 B라는 수보다 작으면, 우리는 A<B라고 씁니다. 예를 들면 3<5이지요. '<' 기호는 순수한 수에서만 사용됩니다. '사과 3개<사과 5개'라는 명제에서는 쓰지 않지요. 따라서 1학년 아이들에게 단위와 함께 수를 사용할 때는 '더 많다', '더 적다' 또는 '~보다 더 크다', '~보다 더 작다'라는 용어를 쓰는 것이 훨씬 좋습니다. 부등호의 기호는 나중에 배울 수 있도록 두

고 말이지요.

　균등한 간격으로 수가 표시되어 있는 직선인 수직선은 수의 질서를 시각화해서 보여 주는 도구입니다. 수직선은 순수한 수들 사이에 존재하는 질서를 살필 때 유용한 것으로 1학년 때 배우는 것은 무리입니다. 아직 물건을 세는 단계에 머물러 있는 1학년에게 수직선에서 간격을 균등하게 두는 것의 의미와 점으로 표시된 수를 인지하는 일은 너무 추상적인 작업일 수 있기 때문이지요.

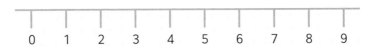

수의 질서를 시각화하는 수직선

초등 수학을
제대로 배워야 하는 이유

1637년 프랑스의 수학자 피에르 페르마Pierre Fermat는 고대 그리스의 서명한 수학자 디오판토스가 쓴 『산수론Arithmetica』을 애독했습니다. 당시 '아마추어 수학 왕자'라는 별명을 가지고 있던 페르마는 정식으로 논문을 발표한 적이 없었습니다. 다른 수학자들과 편지를 주고받으며 수학에 관한 정보를 나누었을 뿐이지요. 그런 그가 『산수론』 8번 문제의 여백에 남긴 글귀가 엄청난 파장을 불러일으켰습니다. 그것은 바로 "나는 기발한 방법으로 이 정의를 증명했지만, 그 증명을 적어 넣기에는 책의 여백이 부족하다."라는 메모였는데요. 이는 '페르마의 마지막 정리'라는 이름으로 세상에 알려졌습니다.

후대 수학자들은 역사상 가장 유명한 페르마의 정리를 증명하는 일에 자신을 바쳤습니다. 그 뒤 상당한 시간이 흘러 그의 정리 중 일부가 증명되기도 했는데요. 하지만 그 증명에는 오류가 있음이 밝혀졌습니다. 그리고 마침내 1995년에 영국의 수학자 와일즈Wiles가 페르마의 마지막 정리를 증명했을 때 그것이 왜 책 여백에 쓰기에 적합하지 않았는지 그 이유가 밝혀졌습니다. 와일즈의 증명이 무려 130페이지 분량에 달했거든요. 만약 증명의 기초가 되는 수많은 논증까지 더해졌다면 1000페이지는 족히 채웠을 것입니다.

사실 페르마의 정리뿐만 아니라 수많은 증명이 촘촘한 논증 위에서 이루어집니다. 각 단계마다 '이것은 앞에서 이미 풀어 증명되었다.'라는 원리에 근거하며, 이는 다음 단계의 토대 역할을 합니다. 물론 수학이 아닌 다른 영역들도 지식 위에 지식을 쌓아 올리지만, 수학만큼 지식의 탑이 높게 쌓이고 상위 단계가 하위 단계에 의지하는 학문은 없습니다.

아이에게 수학을 가르치기에 앞서 우리가 알아야 할 첫 번째 사실은 이러한 수학적 특징이 고등 수학뿐 아니라 초등 수학에도 해당한다는 점입니다. 초등 수학 영역에서도 지식은 단계별로 층층이 쌓아 올려지며 각 단계가 이전 단계에 의지합니다. 수학을 잘 가르치는 비결은 이러한 단계들을 파악해 체계적으로 쌓아 주는 데 있습니다.

이 과정에서 지름길을 찾기란 불가능합니다. 이 사실을 말해 주는 유명한 일화가 하나 있는데 주인공은 『원론The Elements』을 펴낸 그리스 수학자 유클리드Euclid입니다. 유클리드는 여러 업적을 남겼지만 대표적으로 흩어져 있던 모든 기하학적 지식을 모아 체계적으로 정리한 최초의 인물입니다. 기하학의 아버지로 불리고 있지요.

당시 이집트의 왕이었던 프톨레마이오스Ptolemaios는 유클리드에게 『원론』을 쉽게 읽을 수 있는 방법에 대해 조언을 구했는데요. 이에 유클리드는 "수학에는 왕도가 없습니다."라고 대답했답니다. 왕조차도 수학의 단계를 건너뛸 수는 없다는 의미였지요.

초등 수학도 미찬가지입니다. 하지만 초등 수학은 탑의 아래층에 해당하는 내용을 다루므로 쌓아 올리는 단계의 수가 비교적 적습니다. 고등 수학에서와 같은 긴 논증 사슬이 없기 때문에 어린아이들이 배우기에 적절하지요. 하지만 다른 의미에서 보면 그래서 더 어렵습니다.

초등 수학의 몇몇 단계는 숨겨져 있어 구별해 내기 어렵습니다.

마치 빙하의 일부가 물속에 가려져 있어 알아채기 어려운 것처럼 말입니다. 그래서 자주 빠뜨리거나 건너뛰기 쉽지요. 단계들을 제대로 습득하고 넘어가려면 통찰력 있는 관찰이 필요합니다. 그런 면에서 초등 수학은 정교하지 않으나 지혜를 담고 있습니다. 그리고 복잡하지는 않지만 심오하지요.

✎ 수학 불안

수학 불안이라는 말이 있습니다. 역사 불안이나 지리 불안이라는 말은 없는데, 왜 수학에만 이런 말이 있을까요?

주된 이유는 수학이 지닌 단계적 구조에 있습니다. 수학 불안은 우리가 부주의하게 어느 단계를 건너뛰었을 때 발생합니다. 앞서 말했듯이 수학 지식을 이루는 수많은 단계는 너무나 기초적이라 종종 빠뜨리고 넘어가기 쉽습니다. 하지만 어떠한 단계를 빠뜨린 채 새로운 단계를 쌓아 올리려고 하면 문제가 발생하는데 이때는 선생님도, 학생도 문제의 근원을 알아차리기 힘듭니다.

학생에게 수업 내용이 와닿지 않는 것은 '아직 그것을 들을 준비가 되지 않았기' 때문입니다. 이럴 때는 선생님 역시 당황스러운데요. 학생이 어느 부분에서 어려워하는 것인지 알지 못하기 때문입니다. 문제의 근원을 이해하지 못하면 불분명한 공포가 자라고 불안이 생겨납니다.

단계라고 하여 이것이 꼭 지식이나 정보를 의미하는 건 아닙니다. 경험 역시 단계에 해당합니다. 예를 들어 수의 개념을 얻기 위해서는 수를 세어 본 경험이 아주 광범위하게 이루어져야 합니다. 수를 세는 동안 아이의 마음에 수란 무엇인지 개념이 형성되어 갑니다. 그 결과가 당장 드러나는 것은 아닌지라 많은 사람이 그냥 간과하고 넘어가 문제가 생기지요.

수학 불안을 이야기하면 동전의 이면과도 같은 '수학이 주는 기쁨'도 함께 언급할 수밖에 없는데요. 수학은 학습에서 불안감을 야기하는 유일한 과목이지만 원리를 이해했을 때 다른 과목과는 결코 견줄 수 없는 큰 기쁨을 주지요.

단계를 건너뛰면 무슨 일이 일어나는지 제 경험을 통해 보여 드리고자 합니다. 경험이 풍부한 선생님이라면 저처럼 함정에 빠지지 않았을 것입니다. 제가 그렇게도 가르치려 애썼던 '~보다 ~만큼 더 큰', '~보다 ~만큼 더 많은'이라는 표현이 아이들에게 얼마나 이해하기 어려운 개념인지를 이미 잘 알고 계실 테니까요. 하지만 이 경험은 제게 유익한 교훈이 되었습니다. 순차적으로 개념을 가르치는 것이 느린 듯 보여도 오히려 빠르고 정확하게 가르치는 지름길임을 깨닫게 되었으니 말입니다.

제가 1학년 두 학급을 가르쳤을 때 있었던 일입니다. 그날 저의 학습목표는 '~보다 4만큼 더 크다', '~보다 4만큼 더 많다'와 같은 표현을 알게 하는 것이었습니다. 첫 번째 학급에서 저는 칠판에 다음과 같이 썼습니다.

> 도나는 조셉보다 연필을 4자루 더 많이 가지고 있습니다. 만약 조셉이 연필을 5자루 가지고 있다면, 도나는 연필을 몇 자루 가지고 있을까요?

별것 아닌 지문 같지만 저는 신중하게 도나의 연필 개수와 조셉의 연필 개수의 관계를 먼저 설명했습니다. 저는 아이들이 기준치(조셉이 가진 연필 개수)를 모르고도 두 수 사이의 관계를 깨닫길 바랐습니다. 그동안 아이들은 별 어려움 없이 문장을 연산식으로 잘 옮겨 표현해 왔거든요.

하지만 이번에는 예외였습니다. 아이들은 혼란스러워했습니다. 저는 곧바로 질문의 문구를 다음과 같이 고쳐 썼습니다.

> 조셉이 연필을 5자루 가지고 있는데, 도나는 조셉보다 연필을 4자루 더 가지고 있습니다. 도나가 가진 연필은 총 몇 자루일까요?

하지만 이 역시 도움이 되지 않았습니다. 아이들 대부분이 따라오지 못했지요. 그제야 저는 제가 한 단계 건너뛴 사실을 깨달았습니다. 사실 하나 이상의 단계를 빠뜨렸지요. 아이들은 두 요소 사이의 관계를 유추해 내는 것을 어려워했습니다. 또한 '그것보다 4개를 더 가졌다', '그것보다 4만큼 더 많다'라는 개념도 익숙하지 않았지요. 이 개념은 아이들이 일상생활에서 흔히 접하는 개념이 아닙니다. 1학년을 가르치는 선생님이라면 이러한 사실을 잘 알았어야 했는데 저는 그러지 못했습니다.

아이들이 '~ 보다 더 크다'라는 표현에 익숙하다고 해서
'~ 보다 4만큼 더 크다'라는 표현까지 익숙한 것은 아닙니다.

처음부터 새롭게 시작하는 것 말고는 다른 방법이 없었습니다. 그래서 저는 칠판에 커다란 원과 사각형을 하나씩 그리고, 아이들에게 양쪽 도형 안에 똑같은 수만큼 삼각형을 그려 넣으라고 주문했습니다. 그리고 나서 원 안에 삼각형 하나를 더 그려 넣으라고 말한 다음, 어느 도형

안에 삼각형이 더 많이 그려져 있느냐고 물었습니다. 그리고 몇 개 더 있느냐고도 물었지요. 여기까지 진행했을 때 수업은 끝이 났습니다.

수업을 마친 후 다른 1학년 학급으로 향했습니다. 이전 경험으로 깨달음을 얻은 저는 이번에야말로 제대로 수업을 시작했습니다. 처음부터 두 학생을 칠판 앞으로 불러내어 크레파스를 5개씩 나눠 주었습니다. 그리고 학생들에게 누가 더 많은 크레파스를 가지고 있는지 물었습니다. 그러자 아이들은 두 아이 모두 똑같은 개수를 가지고 있다고 대답했습니다. 저는 첫 번째 학생에게 크레파스를 하나 더 주고 다시 물었습니다.

"이제는 크레파스를 누가 더 많이 가지고 있나요? 몇 개 더 많이 가지고 있지요? 나머지 학생은 몇 개 덜 가지고 있나요?"

저는 첫 번째 학생에게 크레파스를 하나 더 주고, 위의 질문을 똑같이 되풀이했습니다. 첫 번째 학생에게 계속 크레파스를 하나씩 더 주면서 이때마다 두 번째 학생보다 몇 개의 크레파스를 더 가지고 있는지, 두 번째 학생은 몇 개를 덜 가지고 있는지 물었지요. 그러고 나서 이번에는 두 번째 학생에게 크레파스를 하나씩 더 주며 질문하기를 반복했고, 이 과정을 두 학생이 가진 크레파스 개수가 같아질 때까지 이어갔습니다. 그리고 다음 번에는 반대로 학생에게서 크레파스를 잇따라 하나씩 빼앗아 누가 크레파스를 더 많이 가지고 있고, 얼마나 더 가지고 있는지 물었습니다. 또 반복적으로 누가 덜 가지고 있고 얼마나 덜 가지고 있는지 묻고 대답하게 했지요.

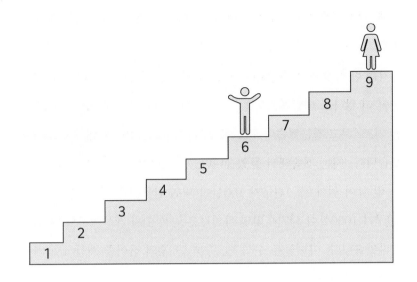

'~보다 ~만큼 더 큰', '~보다 ~만큼 더 많은'이라는 표현을 가르치기 위한 그림

이 모든 과정을 마친 후 저는 칠판 위에 계단을 그리고 각 계단에 번호를 매겼습니다. 그리고 두 어린이를 그려 넣었는데, 1명은 6번 계단에, 1명은 9번 계단에 세웠습니다. 저는 학생들에게 낮은 곳에 있는 아이가 높은 곳에 있는 아이에게 도달하려면 몇 계단을 올라가야 하는지 물었습니다. 다음으로 높은 곳에 있는 아이가 낮은 곳에 있는 아이에게 도달하려면 몇 계단을 내려가야 하는지도 물었지요. "첫 번째 아이는 두 번째 아이보다 몇 계단 더 낮은 곳에 있나요?" 그리고 "두 번째 아이는 첫 번째 아이보다 몇 계단 높은 곳에 있나요?"라고 물었습니다. 저는 이런 식으로 학생들과 몇 차례 비슷한 예제를 더 풀었습니다.

구체적인 사례를 통해 충분히 개념을 연습했다는 생각이 들자 다음

번에는 나이 계산으로 문제를 바꿨습니다. 추상화 단계로 나아간 것이
지요.

저는 한 학생에게 동생보다 몇 살이 더 많은지 물었습니다. 학생은 3
살이 더 많다고 대답했고 저는 "그렇다면 동생은 형보다 몇 살이 더 적
은 거죠?"하고 질문했습니다. 그때부터 아이들은 신나게 대답하기 시작
했습니다. 저는 계속해서 물었습니다. "남동생이 20살이 되면 이 친구
는 몇 살이 될까요?" "친구가 100살이 되면 남동생은 몇 살이 될까요?"
"친구가 1000살이 되면?" 몇몇 아이들은 높은 숫자 계산에서도 저를 잘
따라왔습니다. 아이들은 수십 년, 수백 년 후의 나이를 계산하며 매우
즐거워했습니다.

수업 막바지에는 아이들과 함께 직접 체험 활동도 했습니다. 우리는
공작용 점토로 구슬을 만든 다음, 그것을 나무 막대에 꿰어 즉흥적으로
주판을 만들었습니다. (점토 구슬은 아이들이 스스로 만들면서 손으로 질감을
느낄 수 있기 때문에 일반 구슬보다 수업에 더 적합합니다. 바닥에 떨어뜨려도 전
혀 시끄럽게 굴러다니지 않고요.) 그리고 2명씩 짝을 지은 다음, 한 아이에
게 다른 아이보다 막대에 구슬 3개를 더 꿰도록 했습니다. 저는 아이들
에게 각자 구슬을 몇 개씩 꿰어야 할지, 누가 더 많이 꿰어야 할지 일일
이 말해 주지 않았습니다. 구슬 개수의 차이만 알려 주었지요. 그러자
아이들은 서로 자기가 더 많은 구슬을 꿰겠다며 야단법석을 떨었습니
다. 예를 들어 한 아이가 승리를 확신하며 10개를 꿰었다가 짝꿍이 된
친구가 13개를 꿰자 얼른 6개를 더 꿰는 식이었습니다.

잘 알려진 교육 격언에 이런 말이 있습니다. "수업은 3가지 단계를 거

처야 한다. 처음에는 구체적인 사물로 배우고, 그다음에는 그림으로 배우고, 마지막에는 추상적인 내용을 다루어야 한다." 이런 의미에서 두 번째 수업은 모범적이었습니다.

굳이 이렇게까지 해서 가르쳐야 하나 싶을 수도 있습니다. 더 간단하게 가르칠 수 있는 방법은 없는지 말이지요. 저는 이 수업을 통해 기대 이상의 것들을 가르칠 수 있었습니다.

우선 아이들은 '더 크다'나 '더 작다'와 같은 수 사이의 관계를 익힐 수 있었습니다. 또 관계를 양방향에서 바라볼 수 있다는 사실과 보는 각도에 따라 문제가 달리 보인다는 사실도 배웠습니다. 수업이 끝날 무렵 아이들에게 주어진 과제는 짝꿍이 가진 구슬 개수를 모르는 채로 둘 중 한 명이 구슬을 3개 더 가지고 있는 상황을 만드는 것이었습니다. 이를 통해 아이들은 요소 중 어느 하나가 바뀌면 관계가 바뀐다는 사실도 깨달을 수 있었습니다. 만약 제 구슬이 여러분의 구슬보다 3개 더 많은데 구슬 개수를 똑같이 맞추려면 여러분의 구슬에 3개를 더하거나 제 구슬에서 3개를 빼면 되는 것처럼요.

그리고 이 수업의 목적이었던 '~만큼 더 크다'라는 개념도 당연히 배웠습니다. 이와 더불어 '~만큼 더 크다'와 덧셈 사이의 관계도 익혔습니다. 즉 '어떤 수에 4를 더하면, 그 값은 원래 수보다 4만큼 더 크다'라는 사실을 알게 되었지요.

이 수업을 통해 아이들이 배운 또 하나의 개념은 바로 '보존 법칙'입니다. 보존은 다른 것이 변하는 동안에도 변함없이 일정하게 남아 있는 것을 뜻합니다. 삼각형을 회전시키면 그 위치는 변하지만, 각 변 사이

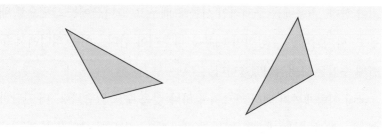

보존 법칙: 삼각형이 회전하더라도 각도는 일정하게 유지됩니다.

의 관계는 변함없이 일정하게 유지되는 것처럼요. 변들이 이루는 각이 똑같기 때문이지요.

보존 법칙: 7−4=17−14

또한 아이들은 '형제의 나이 차이는 항상 똑같다.'라는 차이의 보존 법칙을 배울 수 있었습니다. 형이 7살이고 동생이 4살이라면, 두 사람의 나이 차이는 3살입니다. 20년 후에도 이 나이 차이에는 변함이 없습니다. 같은 양만큼 수가 커지면 두 수 사이의 차이는 일정하게 유지되기 때문입니다. 이러한 보존 법칙은 아이들이 수학을 학습하는 내내 만나게 되는 내용으로 대단히 중요합니다.

만약 제가 단계를 천천히 쌓아가지 않았다면 이 모든 것을 이 수업 하나로 가르칠 수 있었을까요? 저는 불가능했으리라 생각합니다.

1학년 아이들을 가르치면서 어린아이들이 무언가를 배워 나가는 과정을 이해하지 못하고 있었음을 깨달았습니다. 또 어른인 우리는 아이들이 이미 안다고 여겨 넘어가는 함정에 빠지기 쉽다는 것도요.

> 아무리 우리에게는 기초적이고 상식적인 것일지라도
> 아이에게는 학습을 통해 배울 필요가 있다는 사실을
> 잊지 않기 위해 노력해야 합니다.

🖊 문제를 어려워한다는 것의 의미

저는 집에서 아이들에게 종종 수학 문제를 내곤 합니다. 어느 날 제가 막내딸에게 문제를 내니 아이가 "더 쉬운 문제를 내주세요."라고 말하더군요. 제가 낸 문제가 어려웠던 모양입니다. 하지만 딸아이는 문제를 피하기보다 좀 더 쉬운 문제를 내달라고 부탁했습니다.

아이가 문제를 어려워한다는 것은 대개 이 문제를 풀기 위해 앞서 선행되어야 할 어떠한 단계를 빠뜨렸다는 뜻입니다. 저는 딸이 제게 해줬던 말을 수업 시간에 종종 활용합니다. 학생들이 문제를 너무 어려워하면 제 막내딸 이야기를 들려주며 더 쉬운 문제를 내달라고 요청하라고 격려하지요. 아이들에게 학습에서 무언가 놓치고 넘어간 단계가 있을 수 있음을 알려 주기 위해서입니다. 이는 아이들이 수학으로 인해 느낄 수 있는 좌절을 방지할 뿐만 아니라 자신의 현재 단계를 인지하게 하는 데에도 효과가 있답니다.

✎ 느린 학습이 오히려 빠르다

어느 날 한 학급의 수업을 참관하게 되었습니다. 그 학급에는 다른 학급에 비해 성적이 저조한 학생들이 있었는데요. 몇몇 아이들은 8+6과 같은 기초 연산을 계산하는 데에도 애를 먹었습니다. 당시 반 아이들은 시간을 분으로, 분을 시간으로 변환하는 것을 배우고 있었습니다.

선생님은 아이들에게 다음과 같은 질문을 했습니다.

"50분씩 걸리는 회의가 3개 있습니다. 회의 3개를 모두 마치는 데 몇 시간 몇 분이 걸릴까요?"

저는 이후 벌어질 일을 예상할 수 있었습니다. 일부 한두 학생을 제외하고는 모두 진도를 따라오지 못할 게 빤했거든요. 그래서 저는 선생님의 허락을 얻어 수업에 개입했습니다. 학생들에게 수학 공부를 할 때는 아주 천천히 앞으로 나아가야 한다고 말하며, 문제가 어려울 때는 쉬운 문제를 내달라고 요청할 수 있어야 한다고 말해 주었습니다. 그리고 이제부터 학생들에게 단계별로 질문할 계획이며, 약속하건대 질문은 아주 간단할 것이라고 말해 주었습니다.

본격적으로 수업을 시작하며 저는 첫 질문으로 한 여학생에게 60분이 몇 시간인지 물었습니다. 아는 답이었으므로 그 학생은 1시간이라고 쉽게 대답했습니다. 저는 다시 61분은 몇 시간 몇 분인지 물었습니다. 이 질문 역시 어렵지 않았습니다. 저는 단계를 건너뛰지 않고 계속해서 62분과 63분에 관해서도 물었습니다. 과정이 느리긴 했지만, 모든 학생이 저를 잘 따라왔습니다. 90분에 다다랐을 때 저는 과감하게 뛰어넘어 "100분은 몇 시간 몇 분이지요?" 하고 물었습니다. "그럼 110분은요?" 그 후 다시 속도를 줄여 111분, 112분, 그렇게 1시간 59분에 해당하는 119분까지 함께 계산해 보았습니다. 그리고 마침내 120분에 다다랐습니다. 예상대로 아이들은 1시간 60분이라고 대답했습니다. 이에 "60분은 몇 시간이죠?"라고 묻자 아이들은 곧 "1시간, 아! 1시간은 60분이니까 2시간이요."라며 제가 원하는 답을 찾아냈습니다. 거기에서부터 원래 질문의 답이었던 150분에 이르는 과정은 대단히 쉬웠고, 모든 학생이 답을 깨달았습니다.

단계가 충분히 촘촘하다면,
우리는 모두 수학의 단계를 밟아 올라갈 수 있습니다.
문제를 세부 단계로 나누는 법과
서두르지 않는 법을 알기만 하면 되지요.

이러한 학습이 오히려 장기적으로는 시간을 절약합니다. 결코 시간을 허비하는 일이 아닙니다.

✎ 개념은 따로따로 가르쳐야 한다

단계를 건너뛰는 것 못지않게 흔히 저지르는 실수는 한 번에 둘 이상의 개념을 가르치는 것입니다. 개념은 반드시 따로따로 가르쳐야 합니다.

아이가 어려워한다면 대다수의 경우 문제를 여러 단계로 나누는 것만으로도 충분합니다. 나머지는 아이들이 스스로 해낼 것입니다. 예를 들어 아이가 2×70의 계산을 힘들어하면 가끔은 2×7이 얼마인지 묻는 것만으로도 충분합니다. 아이 스스로 자기가 놓친 정보를 완성해 낼 테니까요. 예전에 한 선생님이 "수학적 증명은 사소한 논증들의 사소하지 않은 결합입니다."라고 해주셨던 말이 생각납니다. 어려운 점은 문제를 어떤 단계로 나눌 것인가이지요.

수학을 가르치는
가장 정확하고 쉬운 방법

사람들은 대부분 '산수'를 '산술 연산'과 연관시켜 생각하고, '산술 연산'은 '계산'과 연관시켜 생각합니다. 산수를 산술 연산과 연관시키는 것은 분명 옳은 생각입니다. 산수가 주로 산술 연산을 다루기 때문이지요. 그에 반해 산술 연산을 계산과 연관시키는 것은 사실과 거리가 멉니다. 연산과 계산은 같은 것이 아니거든요. 계산은 연산을 하는 과정 중에 하나입니다. 연산은 그 개념을 이해하는 것이 먼저입니다. 제가 본격적으로 초등 수학 지도법을 알려 주는 3부에서 개념과 계산을 구분 지어 설명해 놓은 것도 이 때문이지요.

연산 개념은 실제 상황, 즉 현실과 연관성을 가집니다.

실질적으로 수를 더하고 빼고 곱하고 나눌 것을 요구하기 때문입니다. 예를 들어 덧셈의 의미는 무언가를 합하는 것입니다. 3+4는 어떠한 사물 3개와 4개를 합함으로써 달성됩니다. 반면에 뺄셈의 의미는 덜어 내는 것입니다. 7-3은 어떠한 사물 7개 중에서 3개를 없애는 상황과 같 지요.

당연한 이야기처럼 들릴 수 있지만 사실 여기에서 산수의 심도 깊은 내면을 엿볼 수 있습니다. 연산 규칙이 모두 여기에서 비롯되기 때문이 지요.

✎ 연산은 구체적으로 익혀야 한다

수와 마찬가지로 연산 역시 구체적인 학습에서부터 시작해야 합니 다. 아이들이 덧셈을 이해하려면 사물의 집합을 반복적으로 합해 봐야 하는 거지요. 나눗셈을 이해하려면 사물의 집합을 부분 집합으로 나눠 봐야 하고요.

산술 연산을 가르치는 효과적인 방법은 3가지입니다. 그것은 '직접 경험으로 배우기', '그림으로 배우기', '문제 만들어 보기'입니다. 다음에 소개하는 순서대로 가르친다면 완벽하게 습득할 수 있을 것입니다.

직접 경험으로 배우기

산술 연산을 맨 처음 소개할 때 특히 효과적인 방법은 '직접 경험하 기'입니다. 우선 선생님(가정에서는 부모)은 감독이 됩니다. 학생 2명을 교실 앞으로 불러내어 한 학생에게 빨대 3개를 주고, 다른 학생에게는 빨대 2개를 준 다음, 이렇게 묻습니다. "두 학생은 모두 몇 개의 빨대를 가지고 있나요?" 반 아이들이 "5개요."라고 대답하면 빨대 3개짜리 묶음과 빨대 2개짜리 묶음을 가리키며 말합니다. "3 더하기 2는 5입니다. 한번 적어 볼까요?" 앞에 나와 있는 학생에게 이를 식으로 써보게 합니다. 3+2=5라고 말이지요.

다음에는 이를 약간 변형해 진행합니다. A라는 학생에게 연필 4자루를, B라는 학생에게 연필 3자루를 들게 합니다. A가 들고 있던 연필을 모두 B에게 건네게 한 뒤 묻습니다. "B는 지금 연필 몇 자루를 가지고 있나요?" "A는 지금 모두 몇 자루의 연필을 가지고 있나요?" 이렇게 물은 뒤 이를 수식으로 써보게 합니다.

여기까지 진행했다면 좀 더 나아가 아이들이 감독이 되어 보는 것도 좋습니다. 아이가 직접 상황을 만들어 보고 그에 맞는 수식을 써보는 것이지요.

그림으로 배우기

이렇게 직접 체험을 통해 더하기라는 개념을 충분히 경험했다면 그림을 통해 더하기를 익힐 차례입니다. 꽃 2송이와 꽃 3송이를 칠판에 그린 뒤 "여기에 꽃이 모두 몇 송이 있나요?"라고 물어볼 수 있습니다. 그런 뒤 아이들에게 직접 그림을 그려 보게 합니다. 그림 그리기는 덧셈을 가르칠 때 가장 효과적인 방법입니다. 다른 연산에서는 복잡해지기 때문이지요.

그림을 통해 뺄셈을 가르칠 때 유용한 팁이 있습니다. 예를 들어 5-2를 설명하기 위해 풍선 5개를 그린 뒤 그중 2개를 없애야 한다면 풍선을 지우지 않고 그냥 선을 그어 삭제 표시를 하는 것이 좋습니다. 뺀 양을 계속 확인할 수 있거든요.

문제 만들어 보기

마지막 단계는 문제를 만들어 보는 것입니다. "잭은 꽃 3송이, 엠버는 꽃 2송이를 가지고 있습니다. 잭과 엠버는 모두 몇 송이의 꽃을 가지고 있나요?" 이렇게 문제를 만들 수 있다는 것은 아이의 머릿속에서 그 개념에 대한 추상화 단계가 이미 끝났다는 의미입니다. 사물이나 그림 없이도 그 개념을 다룰 수 있게 되었다는 뜻이기 때문입니다.

다른 사람이 운전하는 것을 본다고 해서 운전하는 법을 배울 수는 없습니다. 〈백조의 호수〉 공연을 본다고 해서 발레를 할 수 있는 것이 아닌 것처럼 말이지요. 연산도 마찬가지입니다. 개념을 듣고 보기만 해서는 완전히 이해할 수 없습니다. 스스로 문제를 만들 수 있어야 하지요. 이 단계야말로 연산을 온전히 이해했는지 알아볼 수 있는 진정한 검증 단계라고 할 수 있습니다.

아이에게 4-3을 문제로 만들어 보라고 하세요. 연산 개념을 제대로 이해했다면 아이는 '디나는 숙제로 산수 문제를 4개 풀어야 합니다. 3개를 풀었다면 총 몇 문제가 남았을까요?'라는 식의 문제를 만들어 낼 수 있어야 합니다. 이렇듯 연산 문제를 만들 수 있게 되면 문장제를 수식 문제로 바꾸거나 수식 문제를 문장제로 바꾸는 데 능숙해진다는 또 다른 장점이 있습니다. 서술형이든 응용이든 어떤 수학 유형을 접하게 되더라도 걱정 없는 것이죠.

✎ 세로셈은 왜 만들어졌을까?

음식을 만들 때 우리는 레시피를 따라 합니다. 미리 정해진 순서에 따라 하나씩 수행하는 것이지요. 이처럼 순서대로 행동할 것을 지시하는 고착화된 레시피를 '알고리즘'이라고 합니다. 학교에서 배운 익숙한 알고리즘은 수를 세로줄에 맞춰 쓴 뒤 덧셈, 뺄셈, 곱셈을 하도록 합니다. 그래서 세로셈이라는 이름이 붙었지요.

세로로 계산을 하는 것은 쉽게 일의 자릿수 밑에 일의 자릿수를, 십의 자릿수 밑에 십의 자릿수를 쓰기 위해서입니다. 즉 일의 자릿수는 일의 자릿수끼리, 십의 자릿수는 십의 자릿수끼리 같은 종류의 항을 더하고 빼기 위해서지요. 즉 같은 단위끼리 계산하기 위해서입니다. 다음 식을 풀어 보겠습니다.

예)

$$\begin{array}{r} 23 \\ +\ 64 \\ \hline 87 \end{array}$$

수식을 세로로 쓰면 우리는 '23'에서 일의 자리 3이 '64'에서 일의 자리 4와 더해지고 '23'에서 십의 자리 2가 '64'에서 십의 자리 수 6과 더해져야 한다는 사실을 쉽게 이해할 수 있습니다. 계산이 훨씬 쉬워지는 것이죠.

세로셈을 할 때는 일의 자리부터 계산해야 실수 없이 계산할 수 있습니다. 세로셈은 특히 세 자릿수 이상의 덧셈을 할 때 유용합니다. 한 자릿수나 두 자릿수의 연산 중에는 가로셈이 더 편할 때도 많습니다.

정말 중요하지만
부모들이 쉽게 간과하는 십진법

지금까지 저는 여러 차례 십진법에 대해 언급했습니다. 사실 그만큼 십진법이 중요하기 때문인데요. 하지만 보통 십진법의 중요성을 간과하고 지나치기 쉽습니다. 이미 어른인 우리에게는 너무나 당연한 개념이기 때문입니다.

십진법은 수를 구성하고 표현하는 데 사용됩니다. 우리는 십진법 덕분에 수를 간결하게 쓸 수 있을 뿐만 아니라, 간편하고 효율적으로 계산할 수 있습니다. 십진법의 유용성을 증명하는 결정적인 증거는 지금까지 이를 대신할 다른 대안이 나오지 않았다는 점입니다. 수를 나타내는 데 십진법보다 효율적인 방법이 존재했다면 이미 사용하고 있었겠지요. 사실 컴퓨터에서 수를 표현하는 원리 역시 십진법의 원리와 같습니다. 유일하게 다른 점이라면 사물을 10개씩 묶는 대신에 2개씩 묶는다 (이진법)는 것입니다.

✒ 계산은 결괏값의 십진 표기법을 찾는 일이다

계산이란 무엇일까요? 계산은 문제의 결괏값을 알아내는 것입니다. 하지만 이는 단지 부분적인 정답일 뿐 핵심 요점은 아닙니다. 계산의 핵심은 결괏값의 십진 표기법을 알아내는 데 있습니다.

십진법이 발명되기 전의 계산 도구는 단순했습니다. 예를 들어 '4'라는 수는 막대기 4개로 표현되었습니다. 8+4와 같은 계산의 의미는 막대기 8개 옆에 막대기 4개를 추가하여 그리는 식이었지요. 결괏값 또한 똑같은 방법으로 표시해 다음처럼 기록했습니다.

|||||||| |||| ||||||||||||

이러한 계산에 정교함이 있을까요? 전혀 없습니다. 이 정도의 계산은 별다른 배움이 없어도 누구나 가능합니다. 여기서 요구되는 지식이라고는 덧셈의 의미가 '합하는 것'임을 이해하는 것이 전부입니다. 결괏값은 막대 두 묶음을 합함으로써 얻어지지요. 여기에는 아무런 계산도 필요하지 않습니다.

오늘날 우리가 사용하는 8+4=12라는 수식과는 어떠한 차이가 있을까요? 이 식을 계산하려면 '10개를 묶는' 연산이 필요합니다. 즉 이 계산의 결괏값은 10개짜리 묶음 1개와 낱개 2개입니다.

여기서 중요한 것은 결괏값의 십진 표기법입니다. 계산이란 문제에 포함된 십진 표기법에서 결괏값의 십진 표기법을 알아내는 일입니다.

계산하는 방법을 배우는 목적은 결괏값을 알아내기 위해서만이 아닙니다. 십진법을 이해하기 위함이지요. 따라서 초등학교 과정에서는 계산 방법을 익히는 것이 매우 중요합니다.

✐ 십진법의 원리: 10씩 묶기와 자리 값

십진법은 2가지 원리에 기초하고 있습니다. 첫 번째 원리는 수의 구성, 더 엄밀히 말하자면 집합의 구성과 관계가 있습니다. 그리고 두 번째 원리는 수의 표기와 관련이 있습니다.

첫 번째 원리는 '10씩 묶는다.'입니다. 낱개 10개를 묶어 새로운 단위를 형성하는 데 이 과정이 반복되지요. 낱개 10개가 묶여 십이라는 단위를 형성합니다. 그리고 십이 10개 묶여 백을 형성하고, 백이 10개 묶여 천이 됩니다. 이런 식으로 계속 발전합니다.

두 번째 원리는 '숫자는 놓인 자리에 따라 값이 결정된다.'입니다. 이는 수를 구성하는 각 숫자의 값이 그것이 놓인 위치에 따라 결정된다는 뜻입니다. 가장 오른쪽에 놓인 숫자는 일의 자릿수를, 오른쪽에서 두 번째 놓인 숫자는 십의 자릿수를, 오른쪽에서 세 번째 숫자는 백의 자릿수를 나타냅니다. 왼쪽에 놓인 숫자일수록 더 큰 값을 가집니다.

✎ 십진법을 완벽히 숙지해야 연산이 쉬워진다

한번은 탁구를 배우려고 한 적이 있는데 강사 선생님이 저를 말리는 것이었습니다. 선생님은 제가 잘못된 움직임에 너무나 길들어 있어 그 습관을 없애기 힘들 것이라고 말했습니다. 이러한 문제는 일반적으로 선행 지식이 도움이 되는 산수에는 보통 해당하지 않습니다. 하지만 아이가 유치원에서 배운 지식이 문제를 일으키는 분야가 하나 있는데, 그것이 바로 십진법입니다. 이미 세는 법을 알고 있기 때문에 십진법을 너무나도 자연스럽게 받아들인다는 게 문제인데요.

아이는 계산에서 1이 10개 만들어지면
그것을 모아 10을 만들 수 있다는 사실과
그렇게 만든 주체가 자기라는 사실,
그리고 필요할 때 그 묶음을 분해할 수 있다는 사실을
이해해야 합니다.

즉 십진법의 개념을 완벽히 이해하고 자유자재로 활용할 수 있어야 한다는 뜻입니다. 10개씩 묶은 것을 다시 낱개로 분해하는 것은 뺄셈을 할 때 특히 필요합니다. 이를 위해서는 다양하게 사물을 10개씩 묶어 보는 활동을 해야 합니다. 아이에게 끈을 주며 빨대를 10개씩 묶어 보게 해야 합니다. 혹은 종이 위에 작은 동그라미를 여러 개 그린 다음, 동그라미를 10개씩 묶어 보게 하는 것도 좋습니다.

10씩 묶는 활동을 충분히 했다면 이번에는 100씩 묶는 활동을 해야 합니다. 특히 2학년 아이들에게 유효한 활동인데요. 이를 통해 100이라는 단위를 경험시킬 수 있습니다. 가능하다면 1000 단위를 묶는 활동도 해보기를 추천합니다. 적어도 한 번이라도 경험하고 나면 아이는 십진법의 본질에 대해 깨닫게 될 것입니다.

✎ 크리슈나 신 이야기로 쉽게 이해하는 십진법

저는 학생들에게 십진법을 가르칠 때면 크리슈나 신 이야기를 들려줍니다. 아이들에게 모호하기만 한 십진법을 재미있는 이야기로 가르쳐 줄 수 있는 효과적인 방법입니다.

크리슈나 신은 금을 좋아해 금화 창고를 가지고 있었습니다. 매일 아침 크리슈나 신은 창고로 내려가서 금화가 얼마 있는지 확인하곤 했지요. 그런데 금화가 너무 많아 그 수를 가늠하기 어려워지자 창고지기에게 금화 10개씩 묶어 주머니에 넣어 두라고 했습니다. 이내 주머니를 세는 것도 힘들어지자 이번에는 자루 하나에 주머니를 10개씩 넣어 두라고 했습니다. 결국 자루마저 너무 많아지자 다시 상자마다 자루를 10개씩 담아 보관하게 했습니다.

크리슈나 신은 자신의 부를 과시하는 일 또한 좋아했습니다. 매일 아침 궁전 문 위에 자신이 가진 금화 수를 표시해 두었지요. 첫째 날 크리슈나 신은 금화를 7개 가지고 있었습니다. 그래서 그는 다음과 같이 표기했습니다.

7 ☉

둘째 날 크리슈나 신은 금화 3개를 더 얻었습니다. 그러자 금화를 모두 모아 주머니 하나에 담은 후에 이렇게 썼습니다.

1 ʊ

다음 날 크리슈나 신은 금화를 5개 더 얻었습니다. 주머니 하나에 금화를 5개를 가지게 된 것입니다. 그래서 다음과 같이 썼습니다.

1 ʊ 5 ☉

다음 날 크리슈나 신은 금화 8개를 더 얻었습니다. 8개 중에서 5개를 어제의 금화 5개와 합쳐 주머니 하나를 더 만들었습니다. 이제 주머니 2개와 금화 3개가 되었습니다. 그는 이렇게 표기했습니다.

2 ʊ 3 ☉

크리슈나 신은 날마다 이 일을 되풀이했습니다. 그러던 어느 날 한

신하가 이렇게 물었습니다. "왜 귀찮게 금화 그림과 주머니 그림을 그리십니까? 모든 사람이 이미 오른쪽 숫자가 금화를 나타내고 왼쪽 숫자가 주머니를 나타낸다는 사실을 알고 있는데 말입니다. 그냥 숫자만 표기하셔도 됩니다!" 이후 크리슈나 신은 '2 ʃ 3 ◉'라고 쓰는 대신 다음과 같이 썼습니다.

2 3

이렇게 해서 십진법이 발명되었습니다. 적어도 이 이야기에 따르면 말입니다. 크리슈나 신 이야기는 계속 이어집니다.

크리슈나 신은 다음 날 금화를 7개 더 얻었습니다. 금화 3개에 7개를 더해 10개로 만든 다음 주머니에 넣자 이제 주머니는 3개가 되었습니다. 즉 금화 10개가 담긴 묶음이 3개가 만들어진 것이지요. 그는 자랑스럽게 궁전 문 위에다가 이렇게 썼습니다.

3

크리슈나 신은 문득 사람들이 저것이 금화 3개가 아니라 주머니 3개라는 사실을 어떻게 알 수 있을지 걱정이 되었습니다. 저 3이 금화 주머니 3개를 뜻한다는 사실을 명확하게 표시하고 싶었습니다. 그러기 위해서는 금화 표시 자리에 무언가를 적어 넣어야 했지요.

그래야 3이 주머니를 가리킨다는 사실이 분명해질 테니까요. 그래서 크리슈나 신은 숫자 0을 발명했습니다. 크리슈나 신은 낱개의 금화가 하나도 남아 있지 않다는 사실을 알리고, 주머니와 금화 자리를 구분하기 위해 0을 썼습니다. 우리가 오늘날 수를 표기하는 방법처럼 말입니다.

30

숫자 0은 자리를 맡았다는 사실을 알리기 위해 의자에 놓아 두는 가방과 비슷합니다. 201이라는 수는 십의 자리에 해당하는 수는 없지만 십의 자리는 존재한다는 것을 알려 줍니다. 이를 통해 우리는 2가 백의 자릿수를 나타낸다는 것을 알 수 있지요.

누가 십진법을 만들었을까?

오늘날 우리에게 익숙한 십진법은 인도에서 발명되었습니다.
하지만 십진법의 선행 모델은 고대 바빌로니아인에 의해 만들
어졌습니다. 바빌로니아인은 '묶기'와 '자리 값'이라는 십진법의
두 원리를 약 3700년 전에 이미 발명했거든요.

하지만 바빌로니아인은 수를 10개씩 묶지 않았습니다. 그들은
60개씩 묶는 육십진법을 사용했습니다. 즉 1을 60개씩 묶어 60
이라는 단위를 형성하고, 60을 다시 60개씩 묶어 또 다른 단위
를 형성했지요. 이러한 표기법은 그리스인에 의해 채택되었습
니다. 그리스인은 천문학처럼 복잡한 계산이 필요할 때 이 표기
법을 사용했습니다.

십진법은 기원전 6~7세기경 인도에서 사용되기 시작했습니다.
이후 8세기에 아라비아인에 의해 채택되어 12세기에 유럽에 전
파되었지요.

숫자 '0' 역시 바빌로니아인이 발명했다는 것이 역사적인 진실
입니다. 하지만 바빌로니아인은 0을 수의 끝자리에는 쓰지 않
고 가운데 자리에만 썼습니다. 그럼 3과 30을 어떻게 구분했냐
고요? 문맥을 통해 그 차이를 추론했답니다.

초등 수학, 어떻게 가르쳐야 할까?

6살 아이에게 설명할 수 없다면,
당신은 그 개념을 완전히 이해하지 못한 것입니다.

\- 알버트 아인슈타인Albert Einstein

초등 수학에서
가장 중요한 것은 무엇일까?

초등학교 아이들은 수학 과목에서 무엇을 익혀야 할까요? 이 질문은 제가 초등학교에서 아이들을 가르치기 시작할 때 제 자신에게 던진 질문 중 하나이기도 합니다. 저는 당시 답이 얼마나 단순한지 잘 몰랐습니다. 하지만 지금은 정답을 알고 있지요.

초등 수학에서 익혀야 하는 것은
'수와 산술 연산의 본질을 깊이 이해하는 것'입니다.

이러한 단순함은 오해의 소지도 있습니다. 산술 연산이라는 순진한 용어 뒤에는 전혀 간단하지 않은 두 가지 기초 원리, 즉 연산의 개념 이해와 계산법이 숨어 있으니까요. 게다가 수와 사칙 연산을 완전히 익히려면 우선 십진법을 완벽하게 이해해야 합니다.

✎ 초등 입학 전 아이들이 익혀야 하는 개념

학교에 입학할 때 아이들은 백지 상태가 아닙니다. 이미 많은 것을 알고 있지요. 가장 중요한 원리는 어린 나이에 배웁니다. 그리고 모든 것이 그렇듯이 정확하게 설명하기 가장 어려운 것이 바로 기본 원리입니다. 우리는 사고의 기본 메커니즘을 대부분 잘 인지하지 못합니다. 예를 들어 4칸의 계단을 오른 뒤 시작점으로 돌아오려면 다시 4칸을 내려와야 한다는 사실은 모두가 알고 있습니다. 하지만 이러한 지식은 처음부터 가지고 태어나는 건 아닙니다. 배워서 얻은 성취지요.

다음에 열거하는 내용은 초등학교 1학년 아이들이 이미 알고 있는 것들입니다. 그러나 대개 모호하고 직관적으로 인지하고 있기 때문에 제대로 다시 가르쳐야 하지요.

- 왼쪽 - 오른쪽
- 위 - 아래
- 큰 - 작은
- 앞 - 뒤(공간)
- 전 - 후(시간)
- 균등(모양이나 수)
- 대칭
- 물건 세기
- 열거(올바른 순서대로 수를 반복하는 능력)

- 역으로 구하기(만약 당신의 키가 제 키보다 크면 제 키는 당신 키보다 작습니다. 만약 계단 3칸을 올라갔다면 돌아오기 위해서는 계단 3칸을 내려가야 합니다.)
- 집합으로 묶기

놀랍게도 위의 항목은 대부분 관계를 다룹니다. 심지어 '왼쪽-오른쪽'도 관계입니다. 하나의 물건은 또 다른 물건과의 관계 속에서 오른쪽에 있거나 왼쪽에 있으니까요.

학교에 들어가는 아이에게 왼쪽 - 오른쪽이라는 방향에 관한 지식은 중요한 자산입니다. 이 지식은 순서의 개념을 열어 주는 서문일 뿐만 아니라, 모든 수학 영역에서 매우 중요합니다. 수는 대개 왼쪽에서 오른쪽으로 쓰는 데다 이러한 표기 방식은 십진법을 사용해 수를 표현하는 데도 기초가 되기 때문이지요.

일반적으로 아이가 1학년 과정을 준비할 때 익혀야 하는 개념은 앞 - 뒤, 위 - 아래, 더 많은 - 더 적은 같은 관계에 관한 것들입니다. 이 개념들은 아이가 참여하는 모든 놀이를 통해서 접할 수 있으므로, 부모는 그저 아이의 주의를 끌기만 하면 됩니다. 주사위를 던질 때 이렇게 물어보는 겁니다. "누가 더 큰 수를 던졌지?" "얼마나 더 큰 수야?"라고 말입니다.

✎ 초등 수학의 핵심 '나눗셈'

초등 수학을 살피다 보면 나눗셈이 가지는 의미에 놀라곤 합니다. 나눗셈은 다른 연산보다 가르치는 데 더 많은 시간이 들기도 하는데요.

나눗셈은 왜 중요할까요? 덧셈과 뺄셈 연산은 너무도 간단해 세상을 설명할 수 없기 때문입니다. 세상이 점점 복잡해지면서 곱셈과 나눗셈이 필요하게 되었습니다. 우리가 사는 세상은 많은 부분이 비례의 원리에 따라 작동합니다. 예를 들어 일반적으로 선거에서 각 당에 배정되는 의석수는 각 당이 받은 투표수에 거의 비례합니다. 비례는 우리가 사는 환경을 이해하게 해주는 하나의 지도 원리가 됩니다. 그리고 이러한 비례는 나눗셈으로 표현되지요.

우리가 나눗셈을 배우는 데 더 많은 시간을 투자해야 하는 또 다른 이유는 바로 나눗셈이 가장 어렵기 때문입니다. 나눗셈은 사칙 연산 중 가장 많은 의미를 내포하고 있을 뿐만 아니라 계산도 가장 어렵고 제시될 수 있는 문제 유형도 가장 복잡합니다.

✎ 학습 구멍이 생기면 안 되는 이유 '나선형 학습'

『곰돌이 푸 2: 푸 모퉁이에 있는 집The House At Pooh Corner』(A. A. 밀른, 더모던)에는 이런 내용이 나옵니다.

곰돌이 푸는 그 모래 구덩이에 싫증을 느끼며, 그것이 자기들을 졸졸 따라다니는 게 아닌가 하고 의심했습니다. 왜냐하면 어느 방향으로 출발하든 결국 항상 구덩이 옆으로 돌아왔기 때문입니다. 엷은 안개를 통과할 때마다 토끼는 의기양양하여 "이제 우리가 어디에 있는지 알겠어!"라고 말했죠. 그러면 푸는 슬피 대답했습니다. "나도 그래."

수학은 곰돌이 푸와 토끼처럼 똑같은 지점을 계속 반복해서 맴돌게 됩니다. 하지만 곰돌이 푸 이야기와 달리 같은 지점일지라도 조금 더 높은 곳을 통과하게 되지요. 교육 전문가들은 이것을 '나선형 학습'이라고 합니다. 나선처럼 같은 지점을 계속 지나치지만 점차 확장된 형태로 더 높은 수준에서 그 지점을 지나게 되기 때문입니다.

심진법을 예로 들어 보겠습니다. 처음에 10씩 묶는 연습을 했다면, 이후에는 이 원리를 식으로 옮기는 법을 배웁니다. 그리고 8+5의 계산 값을 10의 묶음 1개와 낱개 3개로 표현하는 법을 배웁니다. 나중에는 28+5처럼 더 큰 수의 계산을 배우며 백의 단위, 천의 단위 숫자까지 학습하게 됩니다. 이렇듯 같은 주제여도 조금씩 심화된 내용을 배우게 되는 것이지요.

추상적인 수학은
구체적으로 가르쳐야 한다

　북아메리카에서 안식년을 보낸 적이 있었습니다. 그때 빙판에 미끄러져 어깨를 다쳤었는데요. 의사들은 수술 여부를 쉽게 결정하지 못하고 숙고했습니다. 저는 한 유명 전문의를 찾아갔습니다. 그는 제게 수술할 것을 권유하더군요. 제가 누가 집도할 것이냐고 묻자, 의사는 물론 자기가 직접 할 것이라고 대답했습니다. 그 순간 잭슨 브라운Jackson Brown의 저서 『아버지가 아들에게 들려주는 지혜Life's Little Instruction』에 나오는 한 구절이 떠올랐습니다. "머리를 깎아야 할지 말지를 이발사에게 묻지 마라." 저는 수술을 하지 않기로 결심했습니다. 그리고 그것은 올바른 결정이었습니다.

　나중에 저는 이런 생각을 했습니다. 만약 브라운이 "당신이 고민하는 문제에 대해 개인적으로 관심을 가지고 있는 사람에게는 충고를 구하지 마라."와 같은 추상적인 말로 표현했다면 어땠을까요? 아마도 저는 절호의 순간에 그 교훈을 떠올릴 수 없었을 겁니다. 제가 그 순간 책의 한 구절을 떠올릴 수 있었던 이유는 구체적인 예시를 들어 알려 주었기 때문입니다.

누군가에게 추상적인 개념을 전달하고자 한다면 구체적인 예시를 사용해야 합니다. 이것이야말로 상대를 이해시키는 가장 빠르고 정확한 방법입니다. 추상적인 개념은 누가 억지로 만들어 줄 수 있는 게 아닙니다. 구체적인 토대에서부터 스스로 쌓아 올려야 하지요. 옆에서 도울 수 있는 방법은 구체적인 예시를 제공해 주는 것뿐입니다. 이는 수학에서도 마찬가지입니다.

✎ 익숙한 것에서 시작하기

아이들에게 무언가를 가르치는 데 있어 기본 원리 중 하나는
'익숙한 것에서 시작하는 것'입니다.

아이가 이미 알고 있는 것이 있다면, 그것을 활용해야 합니다. 예를 들어 분모가 서로 다른 분수를 더하기 위해서는 통분하여 공통분모로 만들어야 한다는 설명은 아이에게 어렵게 느껴집니다. 이런 정석적인 설명 대신 공통분모의 원리를 아이에게 익숙한 '언어'에 비유해서 가르칠 수 있습니다. 분수를 더하기 위해서는 분수끼리 '서로 같은 언어'를 사용해야 한다고 말이지요. $\frac{1}{5}$과 $\frac{2}{5}$를 더하기는 쉽습니다. 둘 다 '분모

가 5라는 언어'를 사용하기 때문입니다. 하지만 $\frac{1}{2}$과 $\frac{2}{3}$는 어떻게 더할 수 있을까요? 이럴 때는 공통 언어를 찾아야 합니다. 중국 사람과 프랑스 사람이 잘 모르는 서로의 언어 대신 영어로 대화를 나누듯이 말입니다. $\frac{1}{2}$과 $\frac{2}{3}$의 경우 공통 언어는 '분모가 6이라는 언어'입니다. 즉 $\frac{1}{2} = \frac{3}{6}$과 $\frac{1}{3} = \frac{2}{6}$처럼 분모가 6인 분수로 표현할 수 있지요.

예시는
다양해야 한다

아이가 어렸을 때 개라는 동물을 어떻게 가르쳐 줬나요? 당연히 다양한 예를 들어 가르쳤을 것입니다. 그런데 '개'라는 말이 어떤 특정한 종류의 개를 일컫는 말이 아니라는 사실은 어떻게 가르칠 수 있었을까요? 보편적인 개념을 가르치기 위해서는 하나 이상 혹은 한 종류 이상의 예시가 필요합니다. 큰 개, 작은 개, 검은 개, 흰 개, 갈색 개, 푸들, 치와와 등 다양하게 접해 볼 수 있어야 하지요. 이 모든 특징을 아우르는 것이 개라는 사실을 이해하려면 말이지요. 다시 말해 개념을 가르칠 때는 다양성이 필요합니다. 다양성이 부족하면 고착화, 즉 대상에 대한 고정된 인상을 지니게 됩니다. 추상적 개념과는 전혀 관계없는 사소한 사항에 집착하게 되지요.

이것이 바로 수학에서 추상적 개념을 가르치는 중요한 원리입니다. 사과만 세어 본 아이는 결국 숫자 4를 '사과 4개'와 연관 지어 생각할 것입니다. 수의 개념을 이해하려면 아이는 다양한 종류의 사물을 세어 보아야 합니다. 그런데 이렇게 말하면 어른인 우리는 선뜻 이해가 가지 않습니다. 그런 분들을 위해 제가 아이들에게 분수를 가르칠 때 있었던 경험을 들려주고자 합니다.

당시 저는 분수를 가르치는 한 학급의 수업에 참여했습니다. 선생님은 아이 4명에게 $\frac{1}{5}$, $\frac{2}{5}$ …… $\frac{7}{5}$이라고 적힌 카드를 나누어 준 후 받은 카드의 특성에 따라 카드를 분류해 보라고 했습니다. 아이들은 자연스럽게 그 분수들을 1보다 작은 수, 1과 같은 수(즉 $\frac{5}{5}$), 1보다 큰 수로 분류했습니다. 선생님이 한 아이에게 분모 5가 무엇을 뜻하는지 물었습니다. 아이는 원이 어쩌고저쩌고하며 우물쭈물했고, 저는 문제가 있다는 사실을 알아차렸습니다.

저는 아이에게 네모난 종이 한 장을 건네며, 이 종이의 5분의 1을 만들어 보라고 했습니다. 이리저리 만져 보던 아이는 종이에 가로세로로 선을 그어 종이를 4등분 하는 데는 성공했지만 5등분을 하지는 못했습니다. 제가 다시 종이를 3등분 해보라고 했을 때도 비슷했습니다. 나머지 아이들도 못 풀기는 마찬가지였지요. 아이들은 모두 직사각형을 원으로 만들려고 노력했습니다. 중심점에서 선을 그어 원을 나누듯이 종이를 나누려고 했지요. 원은 충분히 이런 방식으로 5등분 할 수 있지만 직사각형은 불가능하다는 것이 문제였습니다. 하지만 직사각형을 등분하는 일이 사실 훨씬 간단합니다. 평행선 4개만 그으면 되니까요.

저는 아이들의 교과서를 살펴보았습니다. 그런데 이게 어찌 된 일일까요? 모든 분수가 피자 조각 모양으로 나눠진 원으로 표현되어 있는 것이었습니다. 아이들이 왜 사각형을 굳이 원처럼 접근하려고 했는지 이해가 되었지요.

이 사례는 추상적 원리를 익힐 때 다양한 예시가 얼마나 중요한지를 알려 줍니다.

가르치는 사람이 저지르는 흔한 실수

낯선 장소를 갈 때면 사람들에게 길을 묻게 됩니다. 그때마다 사람들은 "찾기 쉬워요, 금방 찾을 수 있을 거예요."라는 말을 하는데요. 물론 쉽게 찾을 때도 있지만 그렇지 않을 때가 더 많습니다. 그런데 왜 그들은 그런 말을 하는 걸까요? 자신들에게는 그 길이 너무도 익숙하며 자기만의 길 찾는 방법을 갖고 있다는 사실을 인지하지 못하기 때문입니다.

가르칠 때도 마찬가지입니다. 자신이 아는 것을 다른 사람에게 가르칠 때 흔히 이 점을 놓칩니다. 가르치는 사람은 섣불리 넘겨짚어서는 안 됩니다. 성급해서도 안 되지요. 상대는 정말 아무것도 모른다는 사실을 명심해야 합니다.

다른 과목도 마찬가지겠지만 수학은 특히 자칫 빠뜨리고 지나치는 것이 생기기 쉽습니다. '뺄셈의 다양한 의미'도 그중 하나지요.

한 1학년 수업에 참관했을 때입니다. 아이들은 초록색 사과 3개와 빨간색 사과 2개가 그려진 그림을 들여다보고 있었습니다. 그 그림을 바탕으로 덧셈, 뺄셈 문제를 만들어 발표하기로 되어 있었지요. "나는 초록색 사과 3개, 빨간색 사과 2개를 가지고 있습니다. 모두 몇 개의 사과를 가졌을까요?" 아이들은 별 어려움 없이 첫 번째 과제를 수행했습니다. 문제는 뺄셈 문제였습니다. 다들 혼란스러워하는 모습을 보이던 중 한 아이가 이렇게 발표했습니다.

"나는 사과를 5개 가지고 있었습니다. 그중 2개를 먹었습니다. 모두 몇 개가 남았을까요?"

초록색 사과 3개와 빨간색 사과 2개 그림

아이는 그림에 적합한 뺄셈 문제를 낸 것일까요? 아닙니다. 초록색 사과와 빨간색 사과를 문제에 담아내지 못했기 때문에 틀린 문제였지요. 아이들이 뺄셈 문제를 만들기 어려워한 이유는 그림에서 사과가 사라지지 않았기 때문입니다.

어려움은 놓친 개념에서 생깁니다. 뺄셈은 한 가지 이상의 의미를 가집니다. 먼저 물건을 제거하는 '없애다'라는 의미가 있습니다. '풍선 5개가 있습니다. 그중 2개가 터졌습니다. 남은 풍선은 모두 몇 개일까요?' 이 문제에 사용된 뺄셈 개념이 그것입니다. 문제를 발표했던 아이가 사용한 개념이지요. 사과가 없어졌으니까요.

하지만 뺄셈에는 아무것도 없애지 않는 '전체 - 부분'이라는 의미도 있습니다. '한 그룹에 아이가 5명 있습니다. 그중 2명이 남자아이입니다. 여자아이는 몇 명일까요?' 같은 문제가 그 예입니다. 이 문제 역시 수식으로 나타내면 5-2로 똑같지만 그 의미는 다릅니다. 그것이 바로 그림에 묘사된 의미입니다. 이를 바탕으로 초록색 사과와 빨간색 사과도 이렇게 문제를 낼 수 있습니다.

"사과 5개가 있습니다. 그중 2개가 빨간색입니다. 초록색 사과는 몇 개일까요?"

각 단계마다 놓치거나 건너뛰는 개념이 없어야 하는 것은 이러한 이유 때문입니다. 그런데 우리는 중간에 빠뜨린 개념 설명이 있다는 사실을 인지하지 못할 때가 있습니다. 아이들이 당연히 알고 있을 거라고 생각하기 때문인데요. 사실 이를 계속 유념하려고 해도 자꾸 잊어버리게 됩니다.

우리가 너무 당연하게 알고 있는 것들도
과거 숱한 반복과 학습을 통해
터득했다는 사실을 잊어서는 안 됩니다.

주입식 교육의 한계

2살배기 조카가 4살인 형 로템의 의자에 앉아 있었습니다. 동생은 만족스러운 표정이었지만 형은 불만이 가득했지요. 부모는 동생을 설득하려고 했습니다.

"이 의자는 원래 네 것이 아니야. 네 의자가 따로 있잖니. 각자 자신의 의자가 있는데 왜 이럴까."

부모가 아무리 애원하고 설득해도 소용이 없었습니다. 그때 저는 어린 조카를 쳐다보며 물었습니다. "이 의자는 누구 거지?" 그러자 조카는 "로템 형."이라고 말하며 의자에서 내려왔습니다.

나중에야 저는 이 요령을 초등학교에서 배웠다는 사실을 알아차렸습니다. 제가 조카에게 쓴 방법은 가르치는 요령 중 하나로, 아이에게서 스스로 해결책을 끌어내는 교육법입니다. 스스로 깨우치는 것과 다른 사람에게 들은 내용을 이해하는 것은 차원이 다른 결과물을 만들어 냅니다. 초등학생을 가르쳐 본 사람이라면 아이들은 절대 수동적으로 배울 수 없다는 것을 잘 알 것입니다. 3+2=5를 이해하려면 스스로 경험해 봐야 하지요. 그렇다면 이때 가르치는 사람의 역할은 무엇일까요?

25년 동안 가르치는 일을 하고 있지만, 저 역시 여전히 궁금합니다. 과연 가르친다는 것은 무엇을 뜻할까요? 선생님의 역할은 무엇일까요? 답은 언뜻 생각하면 단순합니다. 가르치는 일은 지식을 가진 사람이 갖지 못한 사람에게 지식을 옮기는 것입니다. 하지만 '옮기는 것'은 무엇을 의미할까요? 이때 학생의 역할은 무엇일까요? 학생은 단지 선생님이 지식을 넣어 주기만을 기다리면 될까요?

가르치는 것은 지식을 주입하는 일이 아닙니다. 땅에 콘크리트와 철을 쏟아붓는다고 해서 집이 지어지는 게 아닌 것처럼 말입니다. 아이 스스로 머릿속에 개념을 형성해야 하지요. 선생님의 역할은 그 옆에서 아이가 올바른 순서로 개념을 쌓을 수 있도록 인도하는 것입니다.

다음은 1학년 아이들을 가르칠 때 있었던 일입니다.

나: 7과 5 중에 어느 수가 '더 큰'가요?

학생들: 7이요.

나: 3, 5, 6 중에서 '가장 큰' 수는 무엇인가요?

학생들: 6이요.

나: 그럼 두 질문의 차이점은 무엇일까요?

학생들: 첫 번째 질문에서 선생님은 어떤 수가 더 크냐고 물었고요, 두 번째 질문에서는 어떤 수가 가장 크냐고 물었어요.

나: 맞아요. 다시 말해 어느 것이 가장 큰 수인지 물었어요. 언제 '더 크다'라는 표현을 쓰고, 언제 '가장 크다'라는 표현을 쓰지요?

학생들: 수가 2개 있을 때는 어느 수가 더 크냐고 물었고, 수가 3개 있을 때는 어느 수가 가장 크냐고 물었어요.

나: 수가 꼭 3개 있어야 할까요?

학생들: 아니요. 더 많아도 될 것 같아요.

나: '어느 수가 가장 큰지' 묻는 문제를 하나씩 만들어서 발표해 볼까요?

학생들: 4, 10, 5, 13 중에서 어느 수가 가장 큰가요?

나: 아주 잘했어요.

저는 질문을 통해 '더 크다'와 '가장 크다'의 개념을 소개했습니다. 이뿐만 아니라 다른 교육 목표도 달성했지요. 하나는 아이들이 스스로 생각하고 성찰할 수 있게 이끌었다는 점입니다. 다른 하나는 아이들이 스스로 예시를 찾을 수 있게 이끌었다는 점이지요. 해답도 아이들이 찾아냈습니다. 저는 그저 개념의 정확한 표현을 깨달을 수 있도록 옆에서 짚어 주면서 스스로 개념을 정의할 수 있게 이끌어 주었을 뿐이지요.

아이 스스로 깨우치게 해야 한다는 것은 아이 혼자 고군분투하게 내버려 둬야 한다는 뜻이 아닙니다. 개념으로 천천히 인도하는 것을 의미합니다. 가장 기본적이고 쉬운 내용일지라도 스스로 경험하게 하고, 너무 간단한 것일지라도 정확하게 표현하도록 해야 하지요.

사실 수업을 듣는 행위는 얼핏 보기에 대단히 소극적인 활동 같지만 많은 노력이 필요합니다. 들은 내용을 이해하기 위해 적극적으로 노력을 기울여야 하지요. 또 강의 내내 지식을 흡수할 수 있는 것도 아닙니다. 연구 결과에 따르면 대학생들의 강의 집중력은 15분이라고 합니다. 그 이후부터는 산만해지고 다른 생각을 하기 시작한다는 것이지요. 초등학생도 마찬가지입니다.

어린아이일수록 더 쉽게 산만해지고 지칩니다.
따라서 가만히 듣게 하기보다 질문을 던지고 생각을 물어
적극적으로 학습에 참여시켜야 합니다.

　　이는 아이들을 가르치는 유일한 방법이기도 합니다.

어려운 수학 용어를
꼭 가르쳐야 할까?

저는 처음에 초등 아이들을 가르칠 때 너무 많은 용어와 표현을 사용하지 말아야겠다고 생각했습니다. 아이들은 예시를 통해서 배워야 하며 용어는 나중에 알아도 된다고 생각했기 때문인데요. 그런데 제가 얼마나 잘못 생각하고 있었는지 깨닫기까지는 많은 시간이 필요하지 않았습니다. 아이들은 용어와 명확한 표현을 정말 좋아합니다. 심지어 자신들이 그 용어를 안다는 걸 대단히 자랑스럽게 여기지요.

일주일 동안 서로 다른 3개의 학급에서 같은 내용을 가르칠 기회가 있었습니다. 이를 통해 저는 다양한 교수법을 시도해 보고 그 효과를 비교할 수 있었는데요. 앞의 '가르치는 사람이 저지르는 흔한 실수'라는 챕터에서 언급한 수업 내용과 연결됩니다.

저는 각 반에서 초록색 사과 3개와 빨간색 사과 2개가 그려진 그림으로 덧셈과 뺄셈 문제를 만들어 보는 수업을 진행했습니다. 제가 처음에 가르쳤던 학급은 뺄셈 문제를 만들어 보지도 못한 채 혼란스럽게 수업이 끝났습니다.

　이미 한번 경험을 했던 터라 두 번째 학급에서는 잠시 수업을 멈추고 아이들에게 먼저 이렇게 말했습니다.

　"본격적으로 수업을 시작하기 전에 먼저 뺄셈으로 문제를 만들어 볼까요?"

　예상대로 아이들은 모두 '없애는' 유형의 뺄셈 문제를 만들었습니다. '풍선 5개를 가지고 있었는데, 그중에 2개가 터졌어요. 남아 있는 풍선은 몇 개일까요?' 같은 문제들이 줄줄이 나왔습니다.

　저는 아이들에게 이렇게 말했습니다.

　"잘했어요. 하지만 아무것도 없애지 않는 뺄셈 문제도 있다는 사실을 알아야 해요. 이를테면 가방에 여러 물건이 들어 있어요. 그 가방 안에 무엇이 들어 있는지 안다면 어떤 물건이 몇 개씩 있는지를 알아낼 수 있겠지요. '아이들이 5명 있습니다. 그중에 2명이 여자아이라면 남자아이는 모두 몇 명일까요?'처럼 말이에요. 이 문제를 식으로 표현하면 5-2가 됩니다. 아무것도 없애지 않았지만 뺄셈식이 완성되었습니다."

　그런 다음 사과 그림을 이용해 연산 문제를 만들어 보았습니다. 이번에는 아이들이 아무런 문제 없이 '사과 5개가 있습니다. 그중 2개는 빨간색입니다. 초록색 사과는 모두 몇 개일까요?'라는 문제를 만들어 냈습니다. 사과를 색깔에 따라 분류한 것입니다.

세 번째 학급에서 저는 또 다른 교수법을 시도했습니다. 이때는 뺄셈 개념을 정확하게 설명하는 대신, 예시만으로 소개했습니다. 이렇게 말이지요.

"본격적으로 연산 문제를 만들어 보기 전에 비슷한 문제 예시를 소개할게요. '아이들이 5명 있습니다. 그중에 2명이 여자아이라면 남자아이는 모두 몇 명일까요?'"

이 방법은 효과가 전혀 없었습니다. 이 결과를 통해 저는 정확한 개념 설명과 용어 정리 없이 예시만 보여 줘서는 아무것도 가르칠 수 없음을 알게 되었습니다.

아이들에게 수학을 가르칠 때는 정확한 용어와 표현을 사용해야 합니다. 문제를 분명하게 보여 주고 개념을 명확하게 정의하는 일은 가르칠 때 매우 중요한 과정입니다. 예를 들어 나눗셈을 배울 때는 '피제수(나뉘는수)'나 '제수(나누는수)' 등의 용어를 바르게 사용하도록 가르쳐야 하지요.

1학년부터
6학년까지
가장 쉬운
수학지도법

제가 1학년 학생들을 가르쳐 온 세월이 25년이 넘었습니다.
당신은 이제야 아이들이 제 수업을
이해할 수 있을 거라고 생각하겠지요.

- 존 리틀우드 John Littlewood, 수학자

1장

개념 편:

수학 개념은 실제 상황을 통해 배워야 한다

수와 연산이 무엇인지 그 개념을 정확히 알려 주는 일은 수학을 가르치는 첫걸음인 동시에 가장 즐거운 과정이 될 것입니다. 물론 제대로 가르치기만 한다면요.

수는 물건을 세는 일에서 생겨났습니다. 덧셈은 두 묶음을 합하는 것입니다. 뺄셈은 어떤 묶음에서 다른 어떤 묶음을 덜어내는 것이지요. 곱셈은 같은 크기의 묶음을 반복하는 것입니다. 나눗셈은 하나의 묶음을 같은 크기의 묶음으로 나누는 것이고요.

덧셈, 뺄셈, 곱셈, 나눗셈은 언뜻 보면 의미가 간단해 보이지만, 그 속으로 들어가면 여러 개념들을 포함합니다. 예를 들어 덧셈의 경우, 같은 종류의 사물끼리 더하는 것과 서로 다른 종류의 사물을 모으는 것 사이에는 미세한 차이가 있습니다. 뺄셈도 이미 앞에서 살펴봤듯이 2가지 이상의 의미를 가지지요. 그 의미의 차이는 매우 중요합니다.

각 연산의 개념을 정확하게 아는 것이 중요한 이유는 연산을 지배하는 법칙을 결정하기 때문입니다.

덧셈이란 무엇일까?

3+2라는 식은 낱개 3개로 구성된 한 묶음과 낱개 2개로 구성된 다른 한 묶음을 합하는 일을 뜻합니다. '조셉은 꽃 3송이를, 리나는 꽃 2송이를 가지고 있습니다. 조셉과 리나가 가지고 있는 꽃은 모두 몇 송이입니까?'처럼 말이지요.

덧셈은 '합하는 것'입니다.

겉으로 보기에 이보다 더 간단한 문제는 없을 것 같습니다. 하지만 덧셈에 대해 더 이야기하기에 앞서, 그 의미를 자세히 들여다볼 필요가 있습니다. 사실 덧셈에는 '동적 덧셈'과 '정적 덧셈'이라는 2가지 형태가 있습니다. 동적 덧셈은 더함으로써 상황에 변화가 생기는 것을 의미합니다. '새 3마리가 나무에 앉아 있는데 2마리가 더 날아왔습니다. 나무에는 총 몇 마리의 새가 있습니까?'라는 질문이 예가 될 수 있지요.

한편 정적 덧셈은 더함으로써 여러 종류가 함께 묶이는 것을 의미합니다. '꽃병에 빨간 꽃 3송이와 노란 꽃 2송이가 있습니다. 꽃병에는 꽃이 총 몇 송이 있습니까?'라는 질문이 그러한 예가 될 수 있습니다.

동적 덧셈의 그림(왼쪽) 정적 덧셈의 그림(오른쪽)

제 주변에는 동적 덧셈을 '영상'에, 정적 덧셈을 '사진'에 비유하는 선생님도 있습니다. 저 역시 그 차이점을 매우 강조하는데요. 특히 뺄셈과의 관련성 때문에 그렇습니다. 뺄셈에서도 이러한 차이가 발생하는데, 아이들은 특히 정적 뺄셈을 대단히 어려워합니다. 그래서 그 차이를 구분해서 정확히 인지하도록 해야 합니다.

한편 덧셈식에서 사용되는 수 중에 왼쪽, 즉 처음의 수는 '피가수 또는 더하임수' 라고 하며 더하기 뒤에 따라오는 수, 즉 더해지는 수는 '가수 또는 더하는수' 라고 합니다. 앞의 식에서 3은 피가수(더하임수), 2는 가수(더하는수)이며 5는 합계가 되지요.

✎ 덧셈에서 단위의 의미

연필 3자루+연필 4자루=연필 7자루

합계가 피가수나 가수와 같은 단위를 갖는다면 같은 종류의 사물을 더했다는 뜻입니다. 그런데 피가수와 가수가 각각 서로 다르다면 어떻게 해야 할까요? '바나나 3개와 오렌지 4개의 합계는 얼마입니까?'와 같은 물음처럼 말이지요.

이런 덧셈식을 풀기 위해서는 바나나와 오렌지를 묶을 공통 단위가 필요합니다. '과일'이나 '음식'처럼요. 즉 바나나 3개+오렌지 4개= 과일 7개 또는 음식 7개로 표현할 수 있겠지요.

이렇게 설명해도 아직 이해가 잘 가지 않는다고요? 공통 단위의 중요성을 가장 정확하게 설명해 주는 예는 바로 분수의 덧셈입니다. $\frac{1}{7}$과 $\frac{2}{7}$는 서로 쉽게 더할 수 있습니다. 이는 두 수가 모두 같은 단위, 즉 공통분모를 가졌기 때문입니다. $\frac{1}{7}$과 $\frac{2}{7}$를 더하면 $\frac{3}{7}$이 됩니다. 이와 대조적으로 $\frac{1}{7}$과 $\frac{2}{3}$를 더하려면 우선 두 분수를 똑같은 단위의 분수로 만들어야 합니다. 공통 단위를 찾아야 하지요.

아이들에게 공통 단위의 의미를 어떻게 가르쳐야 하나 두려움을 느낄 필요는 없습니다. '사자와 호랑이를 모두 뜻하는 표현에는 무엇이 있을까?' '의자와 책상은?' '사자 2마리와 호랑이 3마리를 더하면 어떻게 될까?' '의자 3개 더하기 책상 4개는?' 등의 질문을 던져 함께 답을 찾으며 얼마든지 재미있게 가르칠 수 있거든요. 아이들도 무척 재미있어한답니다.

✏ 덧셈의 교환 법칙

3+4와 4+3의 결괏값은 둘 다 7로, 같습니다. 이것을 '교환 법칙'이라고 합니다. 수들이 서로 자리를 바꿀 수 있다는 사실에서 붙여진 이름이지요. 그렇다면 두 식은 완전히 똑같은 걸까요? 정적 덧셈에서는 그렇습니다. '조지는 연필 4자루를, 몰리는 연필 3자루를 가지고 있습니다. 조지와 몰리가 가지고 있는 연필은 모두 몇 자루입니까?'라는 물음은 '몰리는 연필 3자루를, 조지는 연필 4자루를 가지고 있습니다. 몰리와 조지가 가지고 있는 연필은 모두 몇 자루입니까?'라는 물음과 같지요.

반면에 동적 덧셈에서는 두 식이 같지 않습니다. '3층짜리 건물 위로 4개 층이 더 올려졌습니다. 건물은 모두 몇 층일까요?'라는 물음은 '4층짜리 건물 위로 3개 층이 더 올려졌습니다. 건물은 모두 몇 층일까요?'라는 물음과 같지 않잖아요? 물론 차이가 그다지 크진 않습니다. 모두

'층'이라는 같은 단위를 가졌기 때문에 그 순서가 다르다고 하여 큰 의미를 가지지는 않습니다.

4+3과 3+4가 갖는 의미상 차이가 그다지 크지 않다면, 그 차이를 따지는 데 시간을 들일 가치가 있을까요? 답은 단연코 '그렇다.'입니다. 그 이유가 단지 아이들이 좋아하기 때문이라도 말입니다.

교환 법칙이 중요한 것은 순서를 바꿈으로써
계산이 쉬워질 수 있기 때문입니다.

예를 들어 2+9보다는 9+2가 쉽습니다. 전자는 2에서 시작해 9만큼 더 세어 나가야 하지만, 후자는 9에서 시작해 2만큼만 더 세어 나가면 되니까요. 게다가 덧셈의 교환 법칙은 곱셈의 교환 법칙을 설명하는 관문이 됩니다. 그만큼 매우 중요한 법칙이지요.

✎ 덧셈의 결합 법칙

덧셈의 또 다른 규칙으로 '결합 법칙'이 있습니다. 예를 들어 2+(3+4)=(2+3)+4처럼 순서를 바꾸어 계산해도 그 결과가 같다는 법칙이지요.

여기서 주목해야 하는 점은 덧셈의 결합 법칙이란
가수를 쪼개는 과정을 포함한다는 사실입니다.

만약 4+3이라는 식에서 3에다 2를 더한다면, 다시 말해 3 대신 5를 더한다면 결괏값은 어떻게 될까요? 원래 결괏값인 7이 아닌 9라는 값을 갖게 되겠지요. 바꿔 말하면 합계가 2만큼 커집니다.

가수가 커지면, 합계도 똑같은 수만큼 커집니다.

덧셈의 결합 법칙은 변화 법칙이라고도 할 수 있습니다. 앞의 예시는 4+5=4+(3+2)라고 쓸 수 있습니다. 다시 말하면 5는 3과 2라는 두 수로 쪼갤 수 있는 것이지요. 이러한 과정은 종종 계산의 기초가 됩니다. 예를 들어 50+23을 계산할 때 23을 20+3으로 분리해 50+20+3으로 계산하고 73이라는 결괏값을 얻을 수 있는 것이지요.

그런데 반대로 가수가 작아지면 어떻게 될까요? 반대의 경우에도 다음과 같은 규칙이 적용됩니다.

가수가 작아지면, 합계도 똑같은 수만큼 작아집니다.

예를 들어 76+99는 어떻게 계산할 수 있을까요? 우리는 76에 100을 더하면 176이 된다는 사실을 쉽게 계산할 수 있습니다. 99는 100보다 1만큼 작은 수이므로, 다음처럼 계산할 수 있지요.

$$76+99=76+(100-1)=(76+100)-1=175$$

먼저 쉽게 계산할 수 있는 100을 더한 뒤 가수에서 1을 빼면 합계도 1만큼 작아져 원래 합계를 구할 수 있습니다.

덧셈 부호는 어디서 유래했을까?

600년 전까지만 해도 연산 부호는 라틴어로 쓰였습니다. 덧셈은 라틴어로 '그리고and'라는 뜻을 지닌 'et'으로 표기되었지요. 그 후 철자 't'로 대체되었다가, 't'자의 상단 십자 모양을 따서 어느 시점부터 '+'로 쓰이게 되었답니다.

뺄셈이란 무엇일까?

1학년 아이들을 가르치면서 유독 즐거웠던 수업이 있습니다. 그 당시 저는 아이들에게 뺄셈을 가르치며 다양한 문제를 만들어 보는 시간을 가졌었는데요. 단 뺄셈을 지칭하는 말을 반복해서 쓸 수 없다는 규칙을 주었습니다. 다양한 뺄셈 표현들에 익숙해질 수 있도록 하기 위해서였지요. 새로운 표현을 지어내야 했던 아이들은 창의력을 발휘하여 다음과 같은 문제를 만들어 냈습니다.

"풍선이 5개가 있었는데, 그중에 3개가 '빵'하고 <u>터졌어요</u>. 저는 지금 풍선 몇 개를 가지고 있을까요?"

"사탕 100개를 가지고 있었는데, 90개를 <u>먹었어요</u>."

"대니에게 자동차 5대가 있는데, 5대 모두 <u>고장이 났어요</u>."

'떨어졌다.' '깨졌다.' '사라졌다.' '시들었다.' '다 먹어 버렸다.' 등등 많은 표현이 쏟아졌습니다. 자동차가 고장 났다는 마지막 문제는 식의 결괏값이 0이 나오는 문제도 만들어 보라고 하자 아이들이 생각해 낸 것입니다. 대단하지 않나요? 저는 수업 전에 아이들에게 장담컨대 뺄셈이 덧셈보다 훨씬 더 재밌을 거라고 일러두었습니다. 무언가를 키우는 것보다 파괴하는 것이 훨씬 쉽거든요. 신이 나서 문제를 만들어 내는 아이들을 보면서 저 역시 무척 즐거웠던 수업이었습니다.

문장을 들여다보았으니 이제 식을 살펴볼 차례입니다. 뺄셈도 뺄셈 부호(-)를 중심으로 왼쪽에 위치한 수와 오른쪽에 위치한 수의 개념을 구분할 수 있습니다. 7-4라는 식에서 7은 빼기를 당하는 쪽인 '피감수 또는 빼임수'라고 합니다. 4는 빼기를 하는 쪽인 '감수 또는 뺌수'라고 하고요. 그리고 뺄셈의 결과는 '차'라고 합니다.

✎ 뺄셈의 3가지 의미

뺄셈은 기본적으로 '제거'의 의미가 있습니다. 묶음의 일부를 제거한 후 나머지가 얼마 남았는지를 묻지요. 이것은 시간에 따라 상황이 변하

는 동적 뺄셈입니다. 이러한 유형의 뺄셈을 할 때 주로 사용하는 단어
는 '없애다.'입니다.

하지만 뺄셈에는 이것 말고도 2개의 다른 의미가 있습니다. 그중 하
나는 앞에서도 이미 설명한 '전체 - 부분'입니다. '아이가 5명 있는데, 그
중에 2명이 여자아이입니다. 그렇다면 남자아이는 몇 명일까요?'라는
질문이 전형적인 예시지요. 답은 물론 5-2의 값입니다. 이러한 뺄셈 문
제에서는 두 유형의 사물이 나옵니다. 그리고 두 유형의 사물을 모두
합한 개수와 한 유형의 사물 개수를 알려 준 뒤, 나머지 한 유형의 사물
개수를 묻습니다. 뺄셈의 나머지 하나의 의미는 '비교'입니다. 'A의 양이
B의 양보다 얼마나 더 많을까요?'와 같은 문제입니다. 조금 더 구체적
으로 예를 들면 '조셉에게는 고양이가 7마리, 리나에게는 개가 4마리 있
습니다. 조셉이 가지고 있는 고양이는 리나가 가진 개보다 몇 마리 더
많을까요?'와 같은 질문이 있지요.

🖊 뺄셈의 특징

7-4=3이라는 식에서 피감수 7이 2만큼 더 큰 수 9로 대체되면, 즉
9-4를 하면 뺄셈식의 차에는 어떤 일이 일어날까요? 결괏값은 5로, 결
괏값의 차 또한 2만큼 커졌습니다. 괄호를 사용하여 표기하면 다음과
같습니다.

$$(7+2)-4 = (7-4)+2$$

이를 통해 도출할 수 있는 뺄셈의 첫 번째 특징은 다음과 같습니다.

피감수가 커지면, 뺄셈식의 차 또한 같은 양만큼 커집니다.

그런데 반대로 감수 4가 2만큼 더 커지면 어떻게 될까요? 2를 더 빼는 것이니 결괏값도 2만큼 더 줄어들겠지요. 이것을 식으로 표현하면 다음과 같습니다.

$$7-(4+2) = (7-4)-2$$

감수가 커지면, 뺄셈식의 차는 같은 양만큼 작아집니다.

아이에게 이러한 뺄셈의 특징을 가르칠 때 작은 요령이 하나 있습니다. 7-4의 결괏값이 7-(4+2)의 결괏값보다 얼마나 더 큰지 묻지 않는 것입니다. 대신 "두 식 중 어느 식의 결괏값이 더 클까요?"라고만 질문하세요. 실제 상황을 예로 들어 식을 설명하면 더욱 좋습니다. 예를 들어 '조셉과 리나는 똑같은 개수의 연필을 가지고 있습니다. 조셉이 연필 4자루를 기부하고, 리나가 연필 6자루를 기부했습니다. 지금 연필을 더 많이 가지고 있는 사람은 누구일까요?'라는 문제를 만들 수 있습니다. 아이들은 조셉이 더 많은 연필을 가지고 있다는 사실뿐만 아니라

2개를 더 가지고 있다는 사실도 스스로 알아낼 것입니다. 명시적으로 묻지 않아도 스스로 발견하는 것은 매우 귀중한 경험입니다.

뺄셈은 덧셈처럼 순서를 바꾸어서 계산할 수 없습니다. 결합 법칙이 성립하지 않는 것이죠. 다만 뺄셈의 특징을 활용해 80-23을 계산할 때 23은 20+3으로 분리할 수 있습니다. 즉 80-20-3으로 20을 뺀 후 3을 또 빼는 식으로 바꿀 수 있지요. 14-6 역시 마찬가지입니다. 6은 4+2로 분리할 수 있으므로 4를 뺀 후 2를 또 빼는 식으로 14-4-2로 계산할 수 있습니다.

✎ 괄호는 상자와 같다

우리는 좀 전에도, 그리고 그 이전에도 계속 괄호를 사용했습니다. 괄호는 연산을 수행하는 순서를 알려 주는 역할을 합니다. 괄호 속에 든 식을 먼저 계산하지요. 예를 들어 7-(3+2)라는 식을 계산할 때, 우리는 괄호 속에 있는 3+2를 먼저 계산한 다음, 그것을 7에서 뺍니다. 결괏값은 7-5=2입니다. 괄호는 상자와 비슷합니다. 상자 안에 있는 식을 먼저 계산한 다음에 그것을 한 단위로 사용합니다. 박스 안에 다른 박스를 더 넣을 수 있는 것처럼, 괄호 안에도 다른 괄호를 더 넣을 수 있습니다. 다음 예제를 살펴보면 이해를 쉽게 할 수 있습니다.

$$7-\{(3+2)-(1+1)\}=7-(5-2)=7-3=4$$

곱셈이란 무엇일까?

앞서 언급했듯이, 수는 간결함을 위해 발명되었습니다. 덕분에 "사과, 사과, 사과…."라고 말하지 않고 "사과 100개."라고 말할 수 있게 되었지요. 곱셈도 이와 비슷한 이유로 만들어졌습니다. 우리는 "2 더하기 2 더하기 2…."라고 말하지 않고 "2 곱하기 1000."이라고 짧게 말할 수 있습니다.

곱셈과 수를 세는 것 사이의 유사성은 우연이 아닙니다. 이 둘은 아주 밀접하게 연관되어 있습니다. 수를 세는 것과 마찬가지로, 곱셈의 기초는 단일 단위를 만드는 것입니다. 그리고 수를 셀 때처럼 곱셈도 이 단위를 여러 차례 반복합니다. 이 경우 단위는 어떠한 집합이나 묶음입니다. 예를 들어 3×2는 낱개 3개가 들어 있는 묶음이 2번 반복되는 것인데, 이때 질문은 낱개가 모두 몇 개인지를 묻습니다.

2×3(왼쪽)과 3×2(오른쪽)를 표현한 그림

묶음을 합하는 것은 덧셈으로 표현되므로, 3×2라는 식은 3+3로도 쓸 수 있습니다.

곱셈은 같은 수의 덧셈이 반복되는 것입니다.

곱셈은 '~배하기', '곱하기'라고도 표현하는데요. '3×4'에서, 4는 3에게 영향을 줍니다. 3이 몇 번 반복되는지를 알려 주지요. 이때 3은 '피승수 또는 곱하임수'라 하고, 연산이 수행되는 4는 '승수 또는 곱하는수'라고 합니다. 그리고 그 결산의 결괏값은 '곱'이라고 하지요.

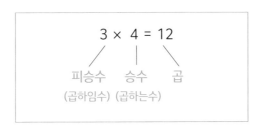

✎ 아이에게 곱셈을 쉽게 가르치는 방법

우리의 몸은 아이들에게 좋은 교육 수단이 됩니다. 물론 몸을 활용해 충분히 연습했다면 다른 사물로 옮겨 가야 하지요. 하지만 처음 수학을 시작할 때는 신체 부위를 활용하는 것보다 좋은 방법은 없습니다.

곱셈을 가르칠 때 저는 5명의 학생을 교실 앞으로 불러냅니다. 그리고 반 아이들에게 이제 교실 앞에 나와 있는 친구들의 손이 몇 개인지 살펴볼 것이라고 알려 줍니다. 맨 처음 한 학생에게 두 손을 들게 한 다음 이렇게 물어봅니다.

나: 모두 몇 개의 손을 가지고 있나요?

학생들: 2개요.

나: 네, 맞았어요. 2개의 손이 하나 있다는 뜻으로, 우리는 이제 이것을 2 곱하기 1이라고 할게요.

그런 뒤 다른 한 학생에게도 손을 올리게 한 뒤 다시 물어봅니다. 그러고는 이것을 2 곱하기 2라고 할 거라고 말합니다. 이런 식으로 5명의 학생 모두에게 손을 올리게 한 뒤 2 곱하기 5라고 표시합니다. 이렇게 학생들과 함께 직접 눈으로 곱셈을 확인하며 2 곱하기 5가 10이라는 것을 계산합니다.

여기서 더 나아가 "덧셈을 사용해 이를 똑같이 계산할 수 있을까요?"라고 묻습니다. 그러면 아이들은 너무 쉽게 "2+2+2+2+2요."라고 대답합니다. 이를 칠판에 적어 보여 줍니다. 다음처럼요. 그러면 곱셈과 덧셈의 관계와 의미가 한눈에 정리되지요.

$$2+2+2+2+2=2 \times 5=10$$

손으로 곱셈을 경험했다면, 이번엔 발을 활용해서 곱셈을 경험시킬 수 있습니다. 발은 눈에 보이지 않아 암산을 해야 합니다. 보다 추상적인 학습이 가능해지지요.

10의 배수

곱셈이 무엇인지 경험으로 익혔다면 이제 10의 배수를 설명하기에 적절한 때가 왔습니다. 10의 배수는 십진법을 배우기 위한 입문 단계입니다. 먼저 학생 1명을 칠판 앞으로 불러낸 다음, 10개의 손가락을 들게 합니다. 그리고 그 학생에게 칠판에 10이라고 손가락 수를 쓰게 한 뒤 그 앞에 서게 합니다. 이번에는 다른 학생을 불러내어 손가락을 들게 하고는 먼저 나온 학생의 손가락과 더불어 자기 손가락까지 모두 몇 개의 손가락이 있는지 칠판에 쓰게 합니다. 즉 20을 쓰게 하는 것이지요. 이때 반 아이들에게 큰 소리로 "10 곱하기 2는 20."이라고 외치게 합니다. 이후로도 학생을 불러 똑같은 행동을 반복합니다. 가능하다면 모든 학생을 참여시키세요. 수가 100, 200에 이르면 아이들은 정말로 재미있어한답니다.

이를 반복하다 보면 어느 순간 아이들은 무언가를 발견하게 됩니다.

처음의 아이는 무엇을 썼나요? 1 옆에 0을 썼습니다. 2번째 아이는 무엇을 썼나요? 2 옆에 0을 썼습니다. 그리고 13번째 아이는 13 옆에 0을 썼습니다. 우리는 이를 통해 어떤 수에 10을 곱하는 것은 그 수 옆에 0을 붙이는 것과 같다는 것을 깨닫게 됩니다. 물론 아이들은 왜 그렇게 되는지 잘 이해하지 못할 것입니다. 하지만 규칙은 배울 수 있지요.

✎ 곱셈의 교환 법칙

> '피승수와 승수의 자리가 서로 바뀌어도
> 결괏값은 바뀌지 않는다.'는 법칙입니다.

곱셈의 교환 법칙은 곱셈에서 대단히 중요한 내용인데요. 곱셈에서는 순서가 바뀌는 것이 실제적인 변화를 나타내기 때문입니다. 덧셈에서는 3+2의 의미와 2+3의 의미가 크게 다르지 않습니다. 하지만 곱셈에서는 2×3과 3×2의 의미가 완전히 다릅니다. 곱셈에서는 두 요소가 서로 다른 역할을 하기 때문입니다. 예를 들어 보겠습니다.

3+2를 표현한 그림은 ||| || 이고,
3×2를 표현한 그림은 ||| ||| 입니다.

덧셈에서는 두 요소가 서로 비슷한 역할을 합니다. 하지만 곱셈에서는 그렇지 않습니다. 3이 각 묶음에 있는 선 3개를 나타낸다면, 2는 2개의 묶음을 나타냅니다. 이것들은 서로 완전히 다른 역할을 하지요. 이 경우 각각의 요소는 '묶음'과 '선'으로 단위조차 서로 다릅니다. 곱셈을 하고 난 결괏값의 단위를 봐도 두 요소 간의 차이를 알 수 있습니다. 결괏값의 단위는 승수가 아닌, 피승수의 단위와 같아집니다. 승수는 단위 없이 쓰이지요. 예를 들어 선 3개×2의 답이 선 6개인 것처럼요.

이러한 차이는 순서가 변하면 각각의 의미도 달라진다는 것을 뜻합니다. 예를 들어 2×3은 2+2+2와 같습니다. 반면 3×2는 3+3과 같습니다. 이는 완전히 다른 연산이지요.

그렇다면 왜 3×2=2×3일까요?

이 질문에 독자 몇 분은 눈살을 찌푸렸을지도 모르겠습니다. 물론 두 식은 똑같습니다! 이것을 어떻게 설명해야 할까요? 그 이유는 명확하지 않습니다. 그저 두 요소가 서로 다른 의미를 가지지만 그 결괏값은 같다고 말할 수 있을 뿐이지요.

저는 학교에서 아이들을 가르치고 집에 돌아오면 제 아이들에게 그날 있었던 일들을 들려줍니다. 하루는 당시 2학년이던 제 딸아이에게 그날 학교에서 2×3=3×2가 되는 이유를 가르쳤다고 말해 주었습니다. 딸이 짜증을 내며 말하더군요. "그냥 똑같은 거잖아요!" 그래서 저는 딸에게 손가락을 사용해 3×2를 증명해 보이라고 했습니다. 그러자 딸은 왼손과 오른손의 손가락을 각각 3개씩 펼쳐 보였습니다. 그 모습을 본 저는 이번에는 2×3을 보여 달라고 했습니다. 딸은 자신의 왼손과 오른손 손가락을 각각 2개씩 펼쳐 보이더니, 제 왼손도 가져가 손가락 2개를 함께 펼쳐 보였습니다. 저는 이 2가지가 같다는 사실을 증명해 보이라고 부탁했습니다.

놀랍게도 딸아이는 생각하지도 않고 오른손에서 손가락 3개, 왼손에서 손가락 3개를 펼친 다음(3 × 2), 두 손을 함께 모아 그 손가락들을 재배치한 뒤 손가락 2개씩 3쌍(2 × 3)을 만들어 냈습니다. 교환 법칙의 수학적 증명을 제시해 보인 것입니다. 사실 이것은 교환 법칙에서의 표준적인 증명입니다. 손가락들을 그림으로 표현하면 다음처럼 배열할 수 있습니다.

손가락을 원이라고 했을 때, 원이 3개씩 배열된 행이 2개, 원이 2개씩 배열된 열이 3개 존재함을 알 수 있습니다.

✎ 곱셈의 결합 법칙

결합 법칙의 기본 원칙은 다음과 같습니다.

두 식의 결합 순서를 바꾸어도

결과는 같습니다.

곱셈에서 각 항이 어떻게 결합되느냐는 중요하지 않다는 것이지요. $3 \times (4 \times 5) = (3 \times 4) \times 5$처럼 말입니다.

어느 해적이 주화가 4개씩 들어 있는 보물 상자를 3개 발견했다고 가정해 보겠습니다. 그 해적은 모두 몇 개의 주화를 갖게 되었을까요? 주화 4개에 상자 3개를 곱하면 12개의 주화가 생겼겠지요. 만약 각 보물 상자에 든 주화가 5배씩 많아진다고 하면 어떨까요? 즉 해적이 20개의 주화가 들어 있는 보물 상자 3개를 가지게 된다면요? 해적이 가질 주화의 개수도 당연히 5배 많아질 것입니다. 원래 가지고 있던 12개보다 5배 많은 60개를 가지겠지요. 이를 식으로 표현해 보면 다음과 같습니다.

$$(주화 \ 4 \times 5) \times 상자 \ 3 = (주화 \ 4 \times 상자 \ 3) \times 5$$

만약 주화가 아니라 보물 상자가 5배 많아진다면 어떻게 될까요? 결괏값은 똑같이 5배 커질 것입니다.

$$주화 \ 4 \times (상자 \ 3 \times 5) = (주화 \ 4 \times 상자 \ 3) \times 5$$

승수 또는 피승수가 특정한 배만큼 커지면, 그 결괏값도 같은 배만큼 커진다는 것을 알 수 있습니다. 반대로 승수와 피승수가 특정 배만큼 작아지면 그 결괏값도 같은 배만큼 작아지지요.

✎ 곱셈의 분배 법칙

> 3명의 아이가 각각 쿠키 5개와 장난감 2개를 받았습니다. 아이들이 가진 것을 모두 합하면 몇 개일까요?

이 경우 한 아이당 받은 것들의 수에 아이 수만큼을 곱하면 원하는 답을 찾을 수 있습니다. 다음처럼 말이지요.

아이 3 × (쿠키 5 + 장난감 2) = 아이 3 × 쿠키 5 + 아이 3 × 장난감 2

즉 쿠키는 15개, 장난감은 6개입니다. 곱셈을 덧셈으로 표현하면 이해가 더욱 쉬워집니다.

$$3 \times (5+2) = (5+2) + (5+2) + (5+2)$$
$$= (5+5+5) + (2+2+2) = 3 \times 5 + 3 \times 2$$

이것을 요약하면 다음과 같습니다.

$$3 \times (5+2) = 3 \times 5 + 3 \times 2$$

이러한 법칙을 곱셈의 분배 법칙이라고 합니다.

이 법칙은 곱셈을 계산할 때 매우 유용한데요. 52를 3으로 곱하면 값은 얼마일까요? 52=50+2이므로, 분배 법칙에 따르면 다음과 같이 곱할 수 있습니다.

$$52 \times 3 = (50+2) \times 3 = (50 \times 3) + (2 \times 3) = 150 + 6 = 156$$

앞서 쿠키와 장난감을 계산한 방식과 똑같습니다. 쉽게 말해 분배 법칙이란 묶는 일과 곱셈 간의 순서를 바꾸는 것을 의미합니다.

예시를 하나 더 살펴보겠습니다.

$$(\text{☀} + \text{☾}) \times 3 = \text{☀} \times 3 + \text{☾} \times 3$$

무슨 일이 일어났나요? 왼쪽 식에서는 우선 태양과 달을 묶은 다음, 그것을 3번 되풀이했습니다. 오른쪽 식에서는 태양 3개, 달 3개를 각각 묶었습니다. 결괏값이 같다는 사실은 이렇듯 먼저 묶고 나중에 곱하거나, 먼저 곱하고 나중에 묶어도 똑같다는 뜻입니다.

그런데 여기서 조금 더 복잡한 $(23+4) \times (5+67)$은 어떻게 괄호를 풀 수 있을까요? 규칙은 피승수에 더해지는 수마다 승수의 더해지는 수를 각각 곱하는 것입니다. 식으로 표현하면 다음과 같습니다.

$$(23+4) \times (5+67) = 23 \times 5 + 23 \times 67 + 4 \times 5 + 4 \times 67$$

이 과정을 입증하는 방법으로, 단계적으로 괄호를 푸는 방법이 있습니다. 우선 (5+67)을 하나의 상자, 즉 하나의 수라고 생각합니다. 분배 법칙에 따라, 이 수가 '23+4'에 곱해질 때, 그 수는 23과 4 모두에 곱해져야 합니다. 즉 $23 \times (5+67) + 4 \times (5+67)$이 돼야 하지요. 이제 우리는 2개의 곱셈을 위해 다시 분배 법칙을 사용해 위와 똑같은 식을 얻을 수 있습니다.

곱셈 기호는 언제부터 사용했을까?

곱셈 기호인 ×는 17세기에 발명되었습니다. 그런데 모든 곱셈의 경우에 ×를 사용하는 것은 아닙니다. 대수학에서는 수 대신 문자를 쓰는 경우 곱셈 기호를 점으로 대체합니다. x, y라는 두 수가 있다고 가정하면, x 곱하기 y라는 연산은 x·y로 표시하지요. 이러한 표기법은 라이프니츠Leibniz에 의해 소개되었습니다. 곱셈 기호 ×와 문자 x 사이에 야기될 수 있는 혼동을 피하기 위해서입니다. 흔히 이러한 점 기호는 자주 생략되어 간단히 xy라고 씁니다. 그 배경에는 심오한 이유가 있습니다. '사과 2개'는 '사과 1개를 2번 세는 것'과 같습니다. 곱셈은 수를 세는 것과 비슷합니다. 그리고 우리는 수를 셀 때 수와 단위 사이에 기호를 쓰지 않고, 그냥 '사과 2개'라고 하거나 사과 옆에 '2'를 쓰지요.

나눗셈이란 무엇일까?

나눗셈은 가장 흥미로운 연산입니다. 곱셈만큼이나 자연스럽게 생겨난 연산이지요. 엄마가 빵 6개를 아이 2명에게 나눠 줘야 하는 상황처럼 나눗셈은 우리 일상의 한 부분을 차지합니다.

하지만 나눗셈은 다른 어떠한 연산보다 복잡합니다. 그래서 더 흥미진진하기도 하지요. 나눗셈은 '나누기'와 '포함하기'라는 2가지 의미에 따라 '등분제'와 '포함제'로 구분됩니다. 주어진 대상을 모두 같은 크기의 묶음으로 나눈다는 것은 같습니다. 하지만 다음의 차이가 존재하지요.

등분제에서는 각각의 묶음에 들어가는 '낱개의 개수'를 묻고,
포함제에서는 일정한 낱개를 포함하는 '묶음의 개수'를 묻습니다.

✎ 나눗셈의 첫 번째 의미: 등분제

등분제는 일상생활에서 자주 사용하는 나눗셈 유형입니다. 우리는 종종 여러 사람에게 물건을 나눠 줘야 하는 상황에 놓이는데요. 예를 들면 다음과 같은 질문이 그 예입니다.

> '사탕 6개를 아이 2명에게 똑같이 나누어 주려고 한다면, 한 사람이 사탕을 몇 개씩 가져야 할까요?'

이와 같은 질문이 여기에 해당됩니다. 이를 식으로 표현하면 다음과 같습니다.

$$6 \div 2$$

등분제에서 6÷2는 물건 6개를 똑같은 크기의 묶음 2개로 나누는 것을 의미하므로, 질문은 각 묶음에 물건이 몇 개씩 들어가는가를 묻습니다. 결괏값인 3은 물건이 3개씩 들어 있는 묶음이 2개가 있으면 6이 된다는 뜻입니다. 다시 말해 3×2는 6이라는 뜻이지요. 이것을 덧셈식으로 표현하면 3+3=6입니다.

등분제에서 '6÷2=3'은 '3+3=6'과 같습니다.

나눗셈 수식에 들어가는 각 요소의 이름은 나눗셈의 이러한 성질에서 비롯되었습니다. 6÷2=3에서 6은 '피제수 또는 나뉘는수'라고 합니다. 나뉘기 때문입니다. 그리고 2는 '제수 또는 나누는수'라고 하며 결괏값인 3은 '몫'이라고 합니다. '각 묶음이 받는 할당량이 얼마인가'라는 질문에 대한 답이기 때문이지요.

✎ 나눗셈의 두 번째 의미: 포함제

포함제는 말 그대로 몇 번 포함되는가를 묻습니다. 예를 들면 다음과 같은 질문이 그 예입니다.

> '엄마가 사탕 6개를 아이들에게 2개씩 나누어 주었습니다. 아이들은 모두 몇 명일까요?'

수식은 똑같이 6÷2가 되지만, 이번에는 질문이 달라졌습니다. 등분제 질문은 '물건 6개를 2묶음으로 나누면 1묶음에 모두 몇 개의 물건이 포함될까요?'였습니다. 하지만 포함제 질문은 '물건 6개를 나누어 각 묶음에 2개씩 넣었습니다. 묶음은 몇 개가 만들어질까요?'입니다. 즉 '2는 6에 몇 번 들어갈까요?' '6은 2를 몇 번 포함할까요?'와 같은 질문인 것이지요.

정답이 3이라는 것은 6을 2개씩 묶으면 3묶음이 완성된다는 것을 의미합니다. 다시 말해 2×3은 6이며 덧셈으로 표현하면 2+2+2=6이 되지요.

포함제에서 '6÷2=3'은 '2+2+2=6'과 같은 것이지요.

즉 등분제와 포함제의 차이는 3×2와 2×3에서 비롯합니다. 아이들은 이 2가지 의미를 모두 만나게 될 것이므로, 그 차이를 반드시 설명해 줘야 합니다.

왜 포함제 나눗셈이 필요할까요?

우리는 평소 등분제 나눗셈에 더 익숙합니다. 이는 우리가 다른 사람과 공유하는 일에 익숙하기 때문입니다. 그렇다고 포함제가 덜 중요한 것은 아닙니다. 나눗셈 연산이 포함제로 계산되기 때문이지요.

56÷7을 계산하려면 다음 과정을 거칩니다.

----7----14----21----28----35----42----49----56

이렇듯 우리는 7씩 건너뛰어 7, 14, 21, 28, 35, 42, 49, 56 하고 세어 나가야 합니다. 그리고 모두 8번을 건너뛰었으므로, 56에 7이 8번 포함된다는 것을 알 수 있습니다. 이는 포함제 유형의 나눗셈이지요.

포함제 유형의 나눗셈은 분수를 계산할 때도 필요합니다. $3 \div \frac{1}{2}$이라는 식을 예로 들겠습니다. 이 식에 어울리는 연산 문제를 만들어 보세요. 아마 쉽지는 않을 것입니다. 등분제로 접근한다면 다음처럼 문제를 만들 수 있습니다.

> '사과가 3개 있습니다. 아이 $\frac{1}{2}$ 명에게 사과 3개를 나누어 주었습니다. 아이 1명당 갖게 되는 사과는 모두 몇 개일까요?'

'아이 $\frac{1}{2}$명'은 혼란스러운 개념입니다. 아이들에게 어려운 설명이지요. 이때 포함제 문제로 접근한다면 훨씬 간단해집니다.

> '사과 3개를 아이들에게 나눠 주기로 했습니다. 아이 1명당 사과를 $\frac{1}{2}$개씩 나누어 주었다면, 아이들은 모두 몇 명일까요?'

또는 $\frac{1}{2}$은 3에 모두 몇 번 포함될까요?'와 같은 문제를 만들 수 있습니다.

✏️ 나머지가 있는 나눗셈

아이들은 나눗셈을 한 값이 언제나 딱 떨어지지 않는다는 사실을 금방 알아차립니다. 집합이 늘 깔끔하게 나뉘어 떨어질 수는 없지요. 물건 7개를 아이 3명에게 똑같이 분배할 수는 없잖아요?

아이들도 이미 이러한 사실을 알고 있으므로, 나머지가 있는 나눗셈을 처음부터 같이 다루는 것이 옳다고 생각합니다. 물건 7개를 아이 3명에게 똑같이 나누어 준다면, 아이 1명당 물건을 2개씩 갖게 되고 물건 1개가 남을 것입니다. 이를 식으로 표현하면 다음과 같습니다.

$$7 \div 3 = 몫\ 2,\ 나머지\ 1$$

나눗셈 수업은 분수를 함께 소개할 절호의 기회이기도 합니다. 나눗셈과 분수가 서로 긴밀한 관계를 가지기 때문인데요. 특히 위의 식처럼 나머지가 있는 나눗셈을 다룰 때 가장 효과적입니다. 예를 들어 $7 \div 3 =$ 몫 2, 나머지 1이라는 식에서 나머지 1은 다시 3으로 나누어 $\frac{1}{3}$로 표기할 수 있습니다. 어떠한 사물을 똑같이 두 부분으로 나누면 '2분의 1' 또는 '절반'이 되고, 똑같이 세 부분으로 나누면 '3분의 1'이 된다는 사실을 가르칠 수 있습니다. 이 내용은 분수를 다루는 챕터에서 본격적으로 다시 살펴볼 예정입니다. 아, 나눗셈과 분수는 대단히 긴밀하구나 정도로만 짚고 넘어가도 충분합니다.

등분제 나눗셈

아이들은 수학적 상황을 직접 경험해 보는 활동을 무척 좋아합니다. 특히 나눗셈 활동을 매우 재밌어하는데요. 저는 아이들에게 나눗셈을 가르칠 때 4명의 학생을 교실 앞으로 부릅니다. 그리고 학생 1명에게 빨대 12개를 주고 3명의 친구들에게 똑같이 나누어 주라고 합니다. 이때 중요한 것은 한 번에 1개의 빨대를 주어야 하며 이 행동을 빨대를 모두 똑같이 나눠 가질 때까지 반복해야 한다는 것입니다.

모두 똑같이 빨대를 나눠 가진 뒤에는 이 상황을 문제로 만들어 보게 합니다. 아이들은 'A에게 빨대 12개가 있습니다. A는 3명의 친구들에게 빨대를 똑같이 나누어 주었습니다. 친구들은 각자 몇 개의 빨대를 받았을까요?'와 같은 문제를 만들 수 있습니다. 이때 아이들에게 A가 빨대를 나누어 주는 이 연산을 '나눗셈'이라고 한다는 사실을 알려 줍니다. 나눗셈은 '÷' 기호를 사용하며 빨대 12개를 3명과 나누었으므로 다음과 같은 식으로 표현할 수 있음을 알려 줍니다.

$$12 \div 3 = 4$$

정답을 쓸 때는 단위를 빠뜨리면 안 됩니다. 따라서 정답은 '빨대 4개'가 됩니다.

아이들에게 나눗셈을 가르칠 때는 이와 같은 일련의 과정을 다양하게 되풀이해야 합니다. 공책, 연필, 공 등 무엇이든 좋습니다. 다양한 물건을 아이들에게 직접 나누어 보게 한 뒤, 이를 문제로 바꿔 보고 수식으로 표현하게 합니다.

포함제 나눗셈

등분제 나눗셈을 충분히 익혔다면, 이제는 포함제 나눗셈을 배울 차례입니다. 저는 아이들에게 이 유형의 나눗셈을 소개할 때면 다음의 이야기를 들려줍니다.

"어제 옆집에서 쿠키를 12개 만들었어요. 아이들이 싸우지 않도록 공평하게 나누어 주었더니 1명당 쿠키를 3개씩 먹을 수 있었대요. 여기서 빠진 사실이 하나 있는데, 그게 무엇인지 알겠나요?"

아이들은 쉽게 제가 이야기하지 않은 사실을 발견합니다. 바로 '옆집은 아이 몇 명에게 쿠키를 나누어 주었는가' 하는 것이지요. 아이들은 별 어려움 없이 옆집에는 아이가 4명이 있다는 답을 찾아냅니다.

그런 뒤 저는 등분제 나눗셈을 알려 줄 때도 사용한 빨대 12개를 사용해 학생을 1명씩 불러 빨대를 3개씩 나누어 줍니다. 빨대는 네 번째 학생이 나왔을 때 모두 나눠지고 없지요. 3개씩 4명에게 나눠 줄 수 있는 것입니다. 이때 아이들에게 아까 빨대를 나누어 준 것과 지금 나누어 준 것에 어떤 차이가 있는지 묻습니다. 이를 통해 처음에는 아이 1명당 받은 빨대 개수, 즉 부분의 크기를 물었고, 지금은 빨대를 3개씩 나누어 주면 몇 명이 받을 수 있는지, 부분의 개수를 물었음을 알려 줄 수 있습니다. 아이들은 어렵지 않게 이 차이를 구별해 냅니다.

✒ 나눗셈의 특징

앞에서 해적 이야기를 언급한 적이 있습니다. 나눗셈에서도 그 이야기를 해보고자 합니다.

한 해적단이 있습니다. 오랜 노력 끝에 보물 상자를 찾아냈지요. 해적들은 각자 더 많은 보물을 가지고 싶었습니다. 어떻게 하면 더 많은 보물을 가질 수 있을까요? 우선 나눌 보물의 양이 더 많아지면 되겠지요. 또 보물을 나눌 동료의 수가 적어진다면 각자 가져가는 보물의 양이 늘어나겠지요. 이를 통해 나눗셈의 특징을 다음과 같이 정의할 수 있습니다.

피제수가 특정 배만큼 커지면, 몫도 같은 배만큼 커집니다.

제수가 특정 배만큼 커지면, 몫은 같은 배만큼 작아집니다.

예컨대 해적 2명이 금화 12개를 발견했습니다. 12÷2=6이니까 해적은 1명당, 금화 6개씩을 가질 것입니다. 만약 금화를 3배 더 많이 발견한다면(즉 금화 12개가 아니라 금화 36개를 발견한다면), 해적 1명이 받는 몫도 3배 더 커져서 해적은 1명당 18개의 금화를 가지겠지요. 반면에 해적 수가 2명에서 6명으로 3배 더 증가한다면, 12÷6=2니까 해적 1명당 가져가는 몫은 금화 2개로 전보다 3배 줄어듭니다.

나눗셈은 곱셈의 정반대

물건 10개를 아이 5명에게 나누어 주어 1명당 물건을 2개씩 가지게 했다면, 우리는 정반대 연산도 수행할 수 있습니다. 즉 아이들에게 준 물건을 돌려받았을 때의 결과를 구할 수 있는 것이지요. 2개씩 5명에게 돌려받으니, 2×5로 결괏값이 10개라는 사실을 알 수 있습니다. 두 식은 나란히 10÷5=2, 2×5=10으로 표현됩니다.

이번에는 아이 3명에게 연필을 4자루씩 준 다음, 연필을 다시 모아서 12자루가 든 한 묶음을 만들게 해보세요. 그리고 이를 수식으로 12÷3=4, 4×3=12로 표현해 보게 하세요.

2장

계산 편:

기계적으로 계산하는 공부에서 벗어나야 한다

서술형 수학은 수학을 어렵게 만드는 또 하나의 원인입니다. 하지만 수학의 기본 개념을 배울 때 실생활에서 일어나는 상황을 수식으로 옮기거나 반대로 수식을 일상생활로 가져오는 연습을 많이 한 아이들에게는 수학이 재미있는 이유가 됩니다.

개념 편에서 실제 상황을 통해 수학을 충분히 살피고 개념을 다졌다면, 이제는 수식을 계산하는 법을 완벽히 익혀야 합니다. 이제부터는 그 계산에 대해 이야기하고자 합니다.

계산이란 무엇일까요? 자연스러운 대답은 '234×56과 같은 식의 결괏값을 알아내는 일'입니다. 하지만 이 대답은 중요한 요점을 놓치고 있습니다. 계산은 결과값의 십진 표기법을 알아내는 것을 뜻합니다.

계산을 본격적으로 배우기 시작하면 구구단을 암기해야 하는데요. 그 필요성에 관해 논란이 많습니다. 하지만 저는 단연코 외워야 한다고 생각합니다. 234×56을 계산하는 방법을 배울 때 4×6의 값을 몰라 헤매게 하고 싶지는 않기 때문입니다. 이것은 큰 수를 계산하기 위한 기본 도구입니다. 같은 맥락에서 구구단만이 아니라 분배 법칙같이 연산을 지배하는 규칙에도 익숙해져야 하지요.

덧셈,
자리 값을 꼼꼼히 짚어야 한다

덧셈은 쉽게 말해 수를 계속 세어 나가는 것이라고 생각하면 이해하기 쉽습니다. 6+2는 어떻게 계산하면 될까요? 우리는 6+2가 낱개 6개짜리 한 묶음과 낱개 2개짜리 한 묶음의 합을 뜻한다는 사실을 압니다.

$$||||||| + ||$$

우리는 이 계산의 값을 얻기 위해 6에서부터 시작해 2를 더 세어 나갈 수 있습니다. 7, 8이라고 말이지요. 이러한 활동은 일견 매우 간단해 보이지만 아이가 일정 수준 이상으로 사고가 발달해야 합니다. 이것을 해낼 수 있으려면 아주 잠깐이라도 수량을 기억하는 능력을 갖춰야 하기 때문이지요. 처음에 이 방법을 가르칠 때는 수식을 위의 그림처럼 표현한 뒤 1, 2…6, 7, 8하고 그림을 하나씩 세어 나갑니다. 이를 몇 번 반복한 뒤에는 앞부분의 그림을 셀 수 없도록 손으로 가립니다. 아이들이 숨겨져 있는 숫자를 떠올려 이어서 숫자를 셀 수 있도록 말이지요.

✎ 합이 10이 넘는 덧셈에서 중요한 것

합이 10을 넘기는 계산은 매우 중요한 의미를 가집니다. 계산에서 처음으로 10씩 묶는 것을 경험하게 되기 때문인데요. 아이가 무언가를 처음 할 때는 늘 그렇듯이 많은 칭찬을 해줘야 합니다.

저는 이런 덧셈을 가르칠 때는 먼저 수를 10씩 묶는다는 사실을 일깨워 줍니다.

> 나: (하트 14개를 칠판에 그려 놓고) 여기에 하트가 모두 몇 개 있나요?
>
> 학생들: 14개요.
>
> 나: (칠판에 14라고 적으며) 여기에서 수 1은 무엇을 나타내나요?
>
> 학생들: '십'이 1개 있어요.
>
> 나: 그리고 4는 무엇을 나타내지요?
>
> 학생들: '일'이 4개 있어요.
>
> 나: 맞아요. 14는 십이 1개, 일이 4개 있다는 뜻이에요. 이것을 그림으로 그려 볼까요?

학생 1명이 칠판으로 나와 커다란 동그라미를 그려 하트 14개 중 10

개를 에워쌉니다.

> 나: 아주 잘했어요. 큰 동그라미 안에 하트 10개가 있네요. 10이
>   모여 한 묶음이 된 것을 볼 수 있어요. 동그라미 밖에는 하트
>   4개가 남았네요.

이렇게 10씩 묶는다는 것을 보여 준 후 칠판 한쪽에 하트 9개를 그리고, 조금 떨어진 곳에 다시 하트 5개를 그려 넣습니다. 그리고 아이들에게 이를 식으로 표현해 보게 합니다.

> 학생들: 9 더하기 5요.
> 나: 맞아요. 이제 그 결괏값을 알아볼까요? 우리는 이미 '10'을 모
>   아야 한다는 사실을 알고 있어요. 이 그림에서 하트 10개를
>   모아 볼까요? 하트 9개에서 시작해 10을 완성해야겠지요?

이렇게 말하며 하트 9개와 동떨어져 있는 하트 5개 중 1개를 하나의 동그라미로 묶습니다.

합이 10이 넘어가는 덧셈

나: 자, 이제 동그라미 밖에 남은 하트는 몇 개인가요?

학생들: 4개요.

나: 맞아요. 하트 5개 중 1개를 하트 9개에 보태어 10개를 완성했어요. 그리고 4개가 남았네요. 그러면 모두 몇 개인가요?

학생들: 10 더하기 4니까 14요.

다양한 수를 활용해 이러한 풀이를 반복해 보세요. 겉보기에는 단순해 보이지만, 놀랍게도 꽤 많은 배경 지식을 갖고 있어야 가능한 활동입니다. 우선 덧셈의 의미를 이해해야 합니다. 하트 9개와 하트 5개를 합하는 일이 9+5라는 수식으로 표현됨을 이해해야 하지요. 또 5를 4+1로 쪼갰듯이 여러 수를 쪼개는 일에도 익숙해야 합니다. 10씩 묶는 원리도 알아야 하고요. 여기에는 '10을 만들기 위해서는 9에 얼마를 더해야 할까?'처럼 또 다른 문제도 포함되어 있지요. 마지막으로 수의 크기에 따른 서열에도 익숙해야 합니다. 더해지는 두 수 사이에서 더 큰 수가 10을 완성해야 계산이 빠르고 편해지거든요. 예를 들어 9+5에서는 9를 10으로 완성해야 편합니다. 따라서 '작다'와 '크다'라는 수 비교도 할 수 있어야 하지요.

이처럼 초등 수학은 매우 간단해 보이지만, 그것에 포함된 원리는 대단히 많습니다. 그 원리가 너무 기초적이어서 우리 눈에 보이지 않을 뿐입니다. 이는 각 개념을 공부할 때 앞 단계를 완벽히 다지고 넘어가는 것이 얼마나 중요한지를 알려 줍니다. 그리고 아이들이 짧은 시간

안에 얼마나 많은 수학적 세계관과 사고방식을 깨우쳐야 하는지도 여실히 보여 주는데요. 어른에게는 매우 쉬워 보이는 계산도 칭찬을 많이 해줘야 합니다.

✏️ 세로셈

구체적인 현실 사례와 경험을 통해 덧셈을 충분히 익혔다면 수식으로 덧셈을 익힐 차례입니다. 가로셈(수를 가로로 배열해 놓고 하는 셈)과 세로셈(수를 세로로 배열해 놓고 하는 셈)이 있는데, 일반적으로 세로셈을 사용합니다.

> 식을 세로로 쓰는 목적은 일의 자릿수는 일의 자릿수끼리,
> 십의 자릿수는 십의 자릿수끼리 놓기 위해서입니다.

이때 중요한 것은 자리 값을 아이가 정확히 알아야 한다는 것입니다.

예1)	예2)
$\begin{array}{r} 26 \\ +\ 3 \\ \hline \end{array}$	$\begin{array}{r} 26 \\ +39 \\ \hline \end{array}$

세로로 덧셈을 하다 보면 같은 위치에 놓인 숫자끼리 계산한다는 생각에 자리 값을 놓치기 쉽습니다. 1번 유형의 문제처럼 받아올림(덧셈에

서 같은 자릿수끼리의 합이 10이거나 10보다 크면 바로 윗자리로 10을 올려서 계산하는 방법)이 없는 계산을 할 때는 그냥 같은 자릿수끼리 더하면 됩니다. 그러나 2번 유형의 문제처럼 받아올림이 있는 식을 계산할 때 자리 값을 제대로 짚고 넘어가지 않으면 문제가 생기지요.

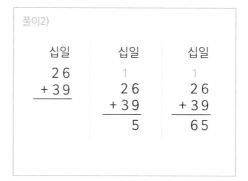

2가지 풀이 방식이 있습니다. 먼저 일의 자리부터 계산합니다. 그런 뒤 십의 자리를 계산합니다. 이 두 결과의 값을 다시 더합니다. 이것이 풀이 1의 방식입니다.

풀이 1의 방식을 충분히 연습했다면, 풀이 2의 방식으로 나아가야 합니다. 같은 자릿수끼리 계산한 뒤 다시 계산하는 것이 아니라, 받아올림 수를 바로 자리에 표시해서 동시에 계산해야 하지요.

일의 자리에 있는 6과 9의 합은 15입니다. 이제 그것을 10으로 묶을 차례입니다. 15에서 10을 묶어서 묶음 하나로 만듭니다. 일의 자릿수에 5를 적은 뒤, 10은 십의 자리로 옮겨 갑니다.

이제부터는 일의 자릿수에 쓰인 숫자가 바뀌지 않는다는 사실에 주목해야 합니다. 계산을 계속 수행해도 십의 자릿수만을 다룰 것이므로, 일의 자릿수는 바뀌지 않습니다. 그럼 십의 자릿수는 얼마인가요? 26에서 '2'와 39에서 '3', 그리고 일의 자릿수에서 옮겨 온 '1'을 모두 합하니 6이 되었습니다. 따라서 결괏값은 일의 자릿수가 5, 십의 자릿수가 6인 수가 되었습니다. 합하면 65가 되지요.

뺄셈: 빌리는 것일까,
재배열하는 것일까?

받아내림(뺄셈에서 같은 자릿수끼리 뺄 수 없을 때 바로 윗자리에서 10을 빌려서 계산하는 방법)이 없는 뺄셈은 개념 편에서 다룬 만큼, 여기서는 12-5처럼 받아내림이 있는 뺄셈을 설명하고자 합니다. 이 과정은 받아올림과는 정반대입니다. 덧셈에서는 10을 경계로 올렸다면, 뺄셈에서는 10을 경계로 내리지요.

✎ 가로셈

우선 가로셈을 살펴보겠습니다. 뺄셈을 계산하는 방법에는 2가지가 있습니다. 12 - 5를 계산할 때 우선 제게 익숙한 방법은 5를 2+3으로 쪼갠 다음, 먼저 12에서 2를 빼고 나서 3을 또 빼는 것입니다. 이 방법을 쓰는 이유는 12에서 2를 빼면 더 쉽게 계산할 수 있기 때문입니다. 12-2는 12를 10으로 만들어 줍니다. 그러고 나서 10에서 3을 빼면 되는데, 이것은 우리에게 이미 친숙한 문제입니다. 답은 7이지요. 이를 수식과 그림으로 표현하면 다음과 같습니다.

$$12-5=12-2-3=10-3=7$$

또 다른 방법은 5 대신에 12를 쪼개는 것입니다. 이것도 매우 간단합니다. 12를 10+2로 만드는 것이지요. 이제 여기에서 5를 빼야 하는데, 우리는 쉽게 10에서 5를 뺄 수 있습니다. 10-5=5가 됩니다. 그리고 우리가 잠시 무시하고 있던 2를 여기에 더해 줍니다. 5+2=7이 되지요. 이를 수식과 그림으로 표현하면 다음과 같습니다.

$$12-5=10+2-5=10-5+2=5+2=7$$

아이들은 첫 번째 풀이 방법을 조금 더 친숙하게 받아들입니다. 이미 익숙한 덧셈 과정을 반대로 실행하면 되거든요. 물론 5를 쪼개는 법을 알아야 하지만요. 두 번째 방법은 10을 기준으로 하기 때문에 수를 쪼개기 쉽다는 장점이 있습니다. 12를 10+2로 쪼개는 것은 어떠한 고민도 필요치 않습니다. 다만 일단 뺐다가 다시 더해야 한다는 번거로움이 있습니다. 이는 뺄셈에서 그리 자연스럽지는 않지요.

둘 중 어떤 방법을 사용해야 할까요? 두 방법 모두 배워야 합니다. 제 경험에 비추어 볼 때 어떤 학생들은 첫 번째 방법을 편하게 느끼는 반면, 어떤 학생들은 두 번째 방법을 더 잘 해냈습니다. 12-5의 값을 자동으로 계산할 수 있을 때까지 이 방법들에 익숙해져야 합니다.

✎ 세로셈

이번에는 세로셈을 살펴보겠습니다.

예)

$$\begin{array}{r} 53 \\ -26 \\ \hline \end{array}$$

여기서 문제는 6이 3보다 크므로, 일의 자릿수만으로는 계산할 수 없다는 데 있습니다. 그렇다면 이 문제는 어떻게 풀 수 있을까요? 이 문제의 해결책을 흔히 '빌린다.'라고 표현합니다. 3은 숫자 5라고 쓰인 십의 자리에서 1을 빌려 옵니다. 그런데 빌린다는 표현이 과연 맞을까요? 빌린다는 것은 돌려준다는 의미를 포함합니다. 그런데 일의 자릿수가 십

풀이)

십 일	십 일	십 일	십 일
5 3	4 13	4 13	4 13
- 2 6	- 2 6	- 2 6	- 2 6
		7	2 7

의 자릿수에 다시 1을 돌려주는 일은 일어나지 않습니다.

이런 점에서 빌린다는 말 대신 '다시 묶는다.'라는 용어가 어쩌면 더 정확한 듯합니다. 이는 53을 재배열한다는 뜻입니다. 십의 자리 5에서 1을 분리한 다음, 일의 자리 3에 더합니다. 그 결과 53은 40+13으로 재배열됩니다. 여기에서 중요한 것은 13은 일의 자릿수에 해당한다는 사실입니다. 일의 자리 13에서 6을 빼면 7이 남습니다. 십의 자리에는 40이 남아 있는데, 여기에서 20을 빼면 십의 자리 20이 남지요. 따라서 최종 결괏값은 27입니다.

그리고 이렇게 10을 빌리는 행위를 덧셈과 관련지어 가르칠 수 있습니다. 다음은 그 내용이 담겨 있는 『초등 수학을 아는 것과 가르치는 것 Knowing and Teaching Elementary Mathematics』이란 책의 일부입니다.

아이들은 '53이라는 수가 6을 빼기에는 일의 자릿수가 충분지 않다.'라는 문제점을 발견할 것입니다. 그러면 저는 아이들에게 이렇게 말하지요. "자, 오늘은 일의 자릿수가 계산하기 충분치 않아요. 하지만 가끔은 일의 자릿수가 너무 많아지기도 해요. 지난 주에 수를 더해 10씩 묶었던 것을 기억하나요? 우리가 넘치는 일의 자릿수를 가지고 어떻게 했지요?" 아이들은 "10씩 묶었어요."라고 대답했습니다. "일의 자릿수가 충분하지 않을 때는 10씩 묶었던 것을 풀어서 다시 일의 자릿수에 보낼 수가 있어요. 즉 50에서 십의 자릿수 하나를 풀어 일의 자리로 보내 계산할 수 있도록 만들 거예요."

빌린다는 표현이 적확한 것은 아니지만 어느 정도는 일리가 있습니다. 자신이 빌려준 것보다 더 큰 수를 받게 될 때도 있기 때문입니다. 물론 돈을 빌리는 일과 달리 빌려준 쪽에서 받는 것은 아닙니다. 십의 자리의 경우 일의 자리에 빌려주고 자신은 백의 자리에서 받게 되기 때문입니다.

432-198이라는 계산을 예로 들어 보겠습니다. 일의 자리에서 2-8을 하려면 십의 자리 3에서 10을 가져와야 합니다. 그러자 이제는 십의 자리에 문제가 생겼습니다. 일의 자리에 10을 빌려주고 남은 2에서 9를 빼야 하는데, 십의 자릿수가 충분하지 않은 것이지요. 그렇다면 백의 자리에서 100을 가져와야 합니다. 432의 백의 자리 4에서 1이 제거된 후 십의 자리 2에 더해져야 합니다. 이제 십의 자릿수는 12가 되므로 9를 빼면 십의 자리 결괏값은 3이 되지요.

이제 백의 자리 4는 3밖에 남지 않았습니다. 백의 자리 3에서 198의 백의 자리 1을 빼야 합니다. 그 결과 백의 자리는 2가 됩니다. 즉 최종 결괏값은 234입니다. 이를 수식으로 나타내면 다음과 같습니다. 설명과 함께 식을 보면 이해가 더욱 쉬울 것입니다.

풀이)

백 십 일	백 십 일	백 십 일	백 십 일
4 3 2	2 10	10	10
- 1 9 8	4 3̷ 2	3 2 10	3 2 10
	- 1 9 8	4̷ 3̷ 2	4̷ 3̷ 2
	4	- 1 9 8	- 1 9 8
		3 4	2 3 4

곱셈: 슬슬 수학이 어려워지기 시작한다

곱셈에서 가장 기본이 되는 것은 구구단입니다. 반드시 외워야 하지요. 구구단을 외우는 첫 번째 방법은 계속 반복하는 것입니다. 예컨대 "6 곱하기 1은 6, 6 곱하기 2는 12……."라고 큰 소리로 반복적으로 낭송해야 합니다. 이때 아이는 단순히 낭송만 하는 게 아니라 6씩 더해진다는 사실을 정확히 인지하며 외워야 합니다. "6 곱하기 1은 6, 6 곱하기 2은 그보다 6만큼 큰 12, 6 곱하기 3은 또 그보다 6만큼 큰 18." 이렇게 말이지요. 제법 익숙해졌다면 순서를 반대로 하여 낭송해 봐야 합니다.

저는 아이들에게 구구단을 가르칠 때 하루에 1개 단씩 가르쳤습니다. 오늘 2단을 공부했으면 내일 3단을 공부하는 것이지요. 그리고 그날 외운 구구단 내에서 순서와 상관없이 질문을 던졌습니다. "4 곱하기 9가 36이면, 4 곱하기 3은 얼마일까요?" "4 곱하기 5가 20이면, 4 곱하기 6은 얼마일까요?" 이렇게요. 이 모든 학습 과정이 1시간 이상 걸리면 안 됩니다.

　서로 번갈아 가며 구구단 노래를 부르는 것도 좋은 방법입니다. 엄마가 "2, 4, 8." 하고 노래를 부르면 아이가 이어서 "2, 5, 10." 하고 부르는 것이지요. 거꾸로도 부를 수 있습니다. 또 퀴즈 놀이도 할 수 있습니다. "곱해서 30이 되는 구구단은 뭘까요?" "결괏값이 42인 구구단은요?" 이렇게 퀴즈를 내면 됩니다.

✎ 10의 거듭제곱수 곱하기

　이제 10, 100, 1000 등을 곱하는 방법을 배울 시간입니다. 어떤 수를 10으로 곱하면 무슨 일이 일어날까요? 예를 들어 23×10은 20을 10배, 3을 10배하라는 의미입니다. 즉 각각의 숫자가 모두 10배 증가하므로 전체 숫자도 10배 증가해 230이 됩니다. 사실 우리는 10의 거듭제곱수(같은 수나 식을 여러 번 곱하는 것) 곱하기를 마주할 때면 어떤 수에 100을 곱하면 그 수의 오른쪽에 0을 2개 붙이면 되고, 1000을 곱하면 3개 붙이면 된다는 식으로 간단하게 풀고 싶은 유혹에 빠지게 됩니다. 결과는 같을지라도 배 개념으로 접근해야 합니다. 10을 곱한다는 의미는 10배하라는 의미이고, 100을 곱한다는 의미는 100배하라는 의미로 접근해야 하지요.

✎ 두 자릿수와 한 자릿수 곱하기

곱셈을 배울 준비는 모두 마쳤습니다. 이제 본격적으로 한 단계씩 익혀 나갈 것입니다. 첫 번째 단계는 23×2처럼 두 자릿수와 한 자릿수의 곱하기입니다. 이때 중요한 것은 23이 의미하는 바가 20+3이라는 사실을 꼭 기억해야 한다는 것입니다. 너무 당연하다고요? 그러나 많은 아이가 23의 2를 20이 아닌 2로 받아들입니다. 자리 값을 구분하지 않고 구구단만으로 문제를 풀기 때문입니다. 아래는 그 예시입니다.

풀이1) 구구단으로만 세로셈할 때

23×2

$$
\begin{array}{r}
2\,3 \\
\times\ 2 \\
\hline
6\ (\to 3\times2)
\end{array}
$$

$$
\begin{array}{r}
2\,3 \\
\times\ 2 \\
\hline
6 \\
(2\times2\ \leftarrow)\,+4 \\
\hline
4\,6
\end{array}
$$

풀이2) 자리 값을 구분하여 세로셈할 때

23×2

$$
\begin{array}{r}
2\,3 \\
\times\ 2 \\
\hline
6\ (\to 3\times2)
\end{array}
$$

$$
\begin{array}{r}
2\,3 \\
\times\ 2 \\
\hline
6 \\
(20\times2\ \leftarrow)\,+40 \\
\hline
4\,6
\end{array}
$$

풀이 1에서는 20×2가 아니라 2×2로 접근했습니다. 풀이 2가 올바

른 방식입니다. 얼핏 봐서는 풀이 1이 훨씬 간단해 보입니다. 물론 올림이 없을 때는 구구단만으로 접근해도 별 무리 없이 풀 수 있습니다. 하지만 이러한 접근은 실수를 유발합니다.

자리 값을 유념하지 않고 구구단만으로 풀면
곱셈이 복잡해질수록 계산 실수가 발생한다는 점에서 문제가 됩니다.

예를 들어 53×40을 계산한다고 하면 다음처럼 계산하는 것이지요.

풀이1) 구구단만으로 세로셈할 때

53×40

$$
\begin{array}{r}
53 \\
\times\ 40 \\
\hline
12 \quad (\to 3 \times 4)
\end{array}
$$

$$
\begin{array}{r}
53 \\
\times\ 40 \\
\hline
12 \\
(5 \times 4 \leftarrow) +2\,0 \\
\hline
212
\end{array}
$$

풀이2) 자리 값을 구분하여 세로셈할 때

53×40

$$
\begin{array}{r}
53 \\
\times\ 40 \\
\hline
120 \quad (\to 3 \times 40)
\end{array}
$$

$$
\begin{array}{r}
53 \\
\times\ 40 \\
\hline
120 \\
(50 \times 40 \leftarrow) +2000 \\
\hline
2120
\end{array}
$$

자리 값을 제대로 인지하여 풀이 2처럼 풀어야 합니다. 이런 풀이법

을 완벽히 숙지한다면 숫자 단위가 올라가고 계산이 복잡해져도 곱셈 풀이에 숙달됩니다. 가로셈으로도 풀 수 있지만 자리 값을 충분히 인지할 때까지는 세로셈으로 계산하는 것을 추천합니다.

✏️ 세 자릿수와 한 자릿수 곱하기

다루는 숫자가 더욱 복잡해지고 올림이 등장할수록 자리 값을 더욱 명심해야 합니다. 긴 곱셈에서는 먼저 일의 자릿수를 곱하고 나서, 십의 자릿수를 곱합니다. 하지만 이것은 관습의 문제이지 꼭 그래야 하는 것은 아닙니다. 제일 큰 자릿수부터 작은 자릿수의 순서로 계산해도 상관없습니다.

풀이) 세 자릿수와 한 자릿수의 세로셈

234×7			
	$\begin{array}{r} 234 \\ \times\ 7 \\ \hline 28\ (\to 4\times7) \end{array}$	$\begin{array}{r} 234 \\ \times\ 7 \\ \hline 28 \\ (30\times7 \leftarrow)210 \end{array}$	$\begin{array}{r} 234 \\ \times\ 7 \\ \hline 28 \\ 210 \\ +1400\,(\to 200\times7) \\ \hline 1638 \end{array}$

만약 234×7을 가로셈으로 계산한다면 먼저 234를 200+30+4로 쪼개야 합니다. 그런 뒤 분배 법칙에 따라 7을 200, 30, 4와 곱한 다음 각각의

결괏값을 모두 더해야 합니다. 수식으로 표현하면 다음과 같습니다.

풀이) 세 자릿수와 한 자릿수의 가로셈

$$234 \times 7 = (200+30+4) \times 7$$
$$= (200 \times 7) + (30 \times 7) + (4 \times 7)$$
$$= 1400 + 210 + 28 = 1638$$

📝 세 자릿수와 두 자릿수 곱하기

이제 세 자릿수와 두 자릿수의 곱셈을 살펴보도록 하겠습니다.

풀이) 세 자릿수와 두 자릿수의 세로셈

234×27

$$
\begin{array}{r}
2\,3\,4 \\
\times\ 2\,7 \\
\hline
1\,6\,3\,8\ (\to 234 \times 7)
\end{array}
$$

$$
\begin{array}{r}
2\,3\,4 \\
\times\ 2\,7 \\
\hline
1\,6\,3\,8 \\
+\ 4\,6\,8\,0\ (\to 234 \times 20) \\
\hline
6\,3\,1\,8
\end{array}
$$

풀이) 세 자릿수와 두 자릿수의 가로셈

$$234 \times 27 = (200+30+4) \times (20+7)$$
$$= (200 \times 20 + 200 \times 7) + (30 \times 20 + 30 \times 7) + (4 \times 20 + 4 \times 7)$$
$$= 4000 + 1400 + 600 + 210 + 80 + 28 = 6318$$

가로셈은 얼핏 보아도 복잡해 보입니다. 실제로도 아이들은 계산을 시각화해 주는 세로셈을 보다 쉽게 느낍니다. 제가 가르친 아이들 중에는 가로셈을 일부러 세로셈으로 고쳐서 푸는 경우도 있었습니다. 그 과정에서 식을 잘못 옮겨 적기도 하고 풀이 시간이 늘어나 다 못 푸는 일도 발생했지요. 그런데 일부 문제의 경우에는 가로셈으로 푸는 것이 더욱 쉬울 때가 있습니다. 예를 들어 23×2처럼 말입니다.

세로셈과 가로셈 모두에 익숙해질 수 있도록 도와줘야 합니다.

수학이 어렵다는 하소연이 늘어나는 시기가 바로 곱셈을 가르칠 때부터입니다. 이때 제대로 곱셈의 개념을 잡아 주지 않으면 수학을 포기하고 싶어지는 순간이 옵니다. 하지만 이 말을 반대로 생각해 보면 곱셈의 개념을 잘 잡아 놓으면 이후 수학을 무사히 익힐 수 있다는 뜻이니 너무 겁먹을 필요는 없습니다.

나눗셈:
아이들이 가장 어려워하는 연산

나눗셈을 풀 때 역시 세로셈 방식을 활용합니다. 단 곱셈에서는 각각의 곱을 세로로 더하기 위해서라면, 나눗셈은 세로로 뺄셈을 하는 데 목적이 있습니다.

나눗셈은 몇 번을 뺄 수 있는지 찾는 것입니다.

이는 나눗셈 계산에서 대단히 중요한 개념이므로 가장 먼저 배워야 합니다. 이를 가르치기 위해서는 매우 간단하고 쉬운 예제부터 시작하는 것이 좋습니다.

저는 3학년 수업에서 나눗셈을 가르치면서 펜 6자루를 한 여학생에게 주면서 친구 2명에게 나눠 주라고 부탁했습니다. 그 여학생은 친구들에게 펜을 3자루씩 나눠 주었습니다.

나: 실제로 친구들에게 나눠 준 펜은 모두 몇 개인가요?

여학생: 6개요.

나: 이를 나눗셈으로 표현해 볼까요?

여학생: 친구가 2명 있는데 3자루씩 나눠 주었어요. 그러니까 6 나누기 2는 3이요.

나: 6 나누기 2는 3을 2가지 방법으로 표현할 수 있어요.

이렇게 말한 뒤 칠판에 다음처럼 표기합니다.

$$6 \div 2 = 3 \qquad 2\,)\overline{\,6\,}^{\,3}$$

나: 왼쪽 수식은 익숙하지만 오른쪽 수식은 생소하지요? 왼쪽은 나눗셈의 가로셈이고, 오른쪽은 나눗셈의 세로셈입니다. 다른 연산들처럼 나눗셈도 세로셈을 할 수 있습니다. 이때 제수는 왼쪽에 쓰고, 몫은 위에 씁니다. 몫이란 피제수를 제수로 나누었을 때 한 묶음의 크기를 뜻합니다. 쉽게 말해 6에서 2를 몇 번 뺄 수 있는지가 몫이 되는 거지요. 우리는 실제 경험을 통해 2를 3번 거듭 뺄 수 있다는 사실을 알고 있습니다. 6이라는 숫자 위에 그 수를 써볼까요?

$$
2 \overline{)\ 6}^{\ 3}_{\ 6}
$$

나: 펜이 몇 자루가 남았는지, 그러니까 남은 펜이 몇 자루인지
알아내기 위해서는 다음 계산처럼 **뺄셈**을 해야 합니다. 이때
나머지가 0이면 '나누어떨어진다.'고 말합니다.

$$
\text{제수} \leftarrow\ 2 \overline{)\ 6}
$$

제수 ← 2) 6 → 몫
      -6 → 피제수
      0 → 제수×몫: 2×3
       → 나머지

나눗셈을 자유자재로 풀 수 있으려면 이 계산의 원리를 이해하고 각
단계마다 적합한 나눗셈을 할 수 있어야 합니다. 이때 계산 원리를 쉽
게 이해하기 위해서는 가급적 쉬운 계산에서부터 시작하는 것이 현명
합니다. 이에 가장 적합한 것이 '2' 나눗셈입니다. 다양한 수를 2로 나눠
보면 나눗셈의 원리에 익숙해질 수 있습니다.

✎ 내림이 있는 나눗셈을 계산하는 법

지금까지의 연산에서 저는 일의 자리부터 계산하는 방법을 고수했습니다. 그러나 나눗셈은 가장 큰 자리 값부터 계산해야 합니다. 그 이유는 단계를 되짚는 일을 피하기 위해서입니다. 가장 작은 단위인 일의 자리부터 나눗셈을 했을 경우 전 단계의 계산 결과를 다음 단계에서 수정해야 할 수도 있거든요.

예를 들어 58÷2에서 일의 자릿수는 얼마가 될까요? 8÷2를 하여 4가 된다고 생각하기 쉽지만 틀린 답입니다. 왜 그런지는 조금 뒤에 살펴보기로 하겠습니다. 결론부터 말하면 일의 자릿수를 구하기 위해서는 18÷2를 해야 합니다. 그 값은 9죠. 하지만 위 식에서 십의 자릿수는 명확합니다. 5를 2로 나누면 몫은 2입니다. 따라서 결괏값의 십의 자릿수는 2지요. 이 숫자는 절대 바뀌지 않습니다.

58÷2에서 십의 자리 5는 모두 나뉘지 않습니다. 십의 자리 중 4(40)가 나뉘었을 뿐, 1(10)은 나뉘지 않은 채 남아서 나머지가 되었습니다. 이 나머지는 일의 자리로 이동합니다. 그런데 일의 자리에는 이미 8이 자리하고 있습니다. 따라서 십의 자리에서 내려온 10과 8을 더한 값이 일의 자릿수가 됩니다. 그리고 이를 2로 나누면 9가 되고, 나머지는 없습니다.

식으로 표현하면 다음과 같습니다.

여기서 잠깐, 제가 지금 계속해서 십의 자리, 일의 자리라는 말을 반복했다는 점을 눈치채셨나요? 어느 자리의 계산인지를 끊임없이 상기하라는 뜻입니다. 이와 같이

나눗셈을 하고 남은 수를 합쳐서 다시 나눗셈을 하는 것을
내림이 있는 나눗셈이라고 말합니다.

나눗셈의 세로셈

앞에서 세로셈을 살짝 소개했는데요. 58÷2를 통해 본격적으로 세로셈으로 나눗셈을 계산하는 방식을 알아보고자 합니다.

십의 자리 5를 2로 나누면 십의 자리는 2가 됩니다. 다음처럼 표기하지요. 즉 십의 자릿수(5)에서 제수(2)를 몇 번 뺄 수 있는지 그 횟수(2)를 십의 자리 몫에 씁니다. 그리고 십의 자리를 계산하고 남은 수(5-4=1)를 적습니다.

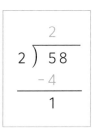

남은 수(1)를 일의 자릿수(8)와 합하여 아래와 같이 표기합니다.

일의 자릿수(18)에서 제수(2)를 몇 번 뺄 수 있는지 그 횟수(9)를 일의 자리 몫에 적습니다. 아래와 같이 표기하지요.

나눌 수 없는 자리의 몫은 어떻게 표기할까요?

623÷7을 통해 나눌 수 없을 때는 어떻게 표기하는지 알아보고 세로
셈 계산 원리를 다시 한번 살펴보겠습니다.

우선 백의 자릿수(6)에서 제수(7)를 몇 번 뺄 수 있는지 그 횟수를 백
의 자리 몫에 씁니다. 그런데 6에서 7을 뺄 수 없습니다. 따라서 백의
자리 몫은 0이 되지요.

$$
\begin{array}{r}
0 \\
7\overline{)\,6\,2\,3}
\end{array}
$$

일반적으로 0은 쓰지 않습니다. 하지만 여기서 0을 표기한 이유는 백
의 자릿수를 나누려고 시도했다는 사실을 상기시키기 위해서입니다.
따라서 모든 계산을 끝낼 때까지 남겨 두겠습니다.

다음 단계에서 623에서 백의 자릿수(6)를 십의 자리로 내려 십의 자
릿수(2)와 더합니다. 즉 십의 자리는 62가 되지요. 십의 자릿수(62)에
서 제수(7)를 뺀 횟수(8)를 십의 자리 몫에 표기합니다. 그리고 십의 자
리를 계산하고 남은 수(6)를 적습니다.

$$
\begin{array}{r}
0\,8 \\
7\overline{)\,6\,2\,3} \\
-5\,6 \\
\hline
6
\end{array}
$$

이제 일의 자리를 계산할 차례입니다. 남아 있는 십의 자릿수(6)를 일의 자리로 내려 일의 자릿수(3)와 더합니다. 일의 자리는 63이 되며, 63에서 7을 몇 번 뺄 수 있는지 그 횟수(9)를 일의 자리에 씁니다.

$$
\begin{array}{r}
089 \\
7\,\overline{)\,623} \\
-56 \\
\hline
63 \\
-63 \\
\hline
0
\end{array}
$$

계산이 맞는지 보는 방법은 간단합니다. 제수와 몫을 곱한 후 나머지를 더한 값이 피제수와 일치하는지 보면 되지요. 즉 위의 문제를 예로 들면 다음과 같습니다.

$$7(\text{제수}) \times 89(\text{몫}) + 0(\text{나머지}) = 623(\text{피제수})$$

이 식이 성립되는지 확인하면 되는 것이지요.

3장

분수 편:

곱셈과 나눗셈부터 배우면 쉬워진다

파리의 루브르 박물관에는 15세기부터 전해 내려오는 흥미로운 문서가 하나 있습니다. 자녀 문제로 걱정하는 한 남자와 그의 친구인 수학자 간에 주고받았던 서신인데요.

남자는 자기 아들을 어느 대학에 보내야 할지 수학자 친구에게 물었습니다. 수학자는 A 대학이 좋지만, 아들이 정말 분수를 이해하기를 바란다면 B 대학으로 보내야 할 것이라고 대답했습니다.

그렇습니다. 500년 전까지만 해도 분수는 대학 교육 과정에서 가르쳤던 분야입니다. 그리고 실제로 분수는 단연코 초등학교에서 배우는 것 중 가장 어려운 주제입니다. 그 심오함은 대학에서 배우는 여타 주제와 견주어도 손색이 없지요.

분수와 나눗셈의 관계

분수란 무엇일까요? 저는 종종 수업 시간에 학생들에게 이 질문을 던지곤 합니다. 심지어 고등학교 수업에서도 말이지요. 그러면 학생들은 땀을 흘리며 '전체에 대한 일부'라거나 '분자와 분모'라는 답변을 짜내곤 합니다. 제가 들었던 가장 정확한 답은 바로 '두 정수를 나눗셈한 몫'입니다. 이 답은 정확하긴 하지만, 분수를 완벽히 설명해 주지도 않으며 분수를 이해하는 데 도움이 되지도 않습니다. 분수를 가르칠 때 명심하고 따라야 할 분수의 진정한 정의는 다음과 같습니다.

분수는 나눗셈과 곱셈이 순서대로 결합한 것입니다.

예컨대 어떤 것의 '$\frac{2}{3}$', 즉 '전체의 $\frac{2}{3}$'는 전체를 3으로 나누고($\frac{1}{3}$이 나오지요.) 그런 다음 2로 곱한 것, 즉 $\frac{1}{3}$을 2번 반복한 것입니다.

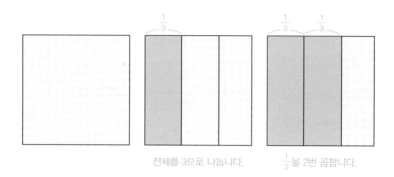

전체를 3으로 나눕니다.　　　$\frac{1}{3}$을 2번 곱합니다.

　따라서 분수의 계산은 2단계로 이루어집니다. 첫째 단계에서는 $\frac{1}{2}$, $\frac{1}{3}$, $\frac{1}{4}$과 같은 형태의 분수, 즉 '분자가 1인 분수(이러한 분수를 '단위 분수'라고 합니다.)'를 만듭니다. 이 단계에서는 단순하게 나눗셈만 하면 되지요. 전체의 $\frac{1}{3}$은 단지 전체가 3으로 나뉜다는 뜻이니까요. 그런 다음 곱셈이 이루어집니다.

　분수는 이처럼 나눗셈과 곱셈으로 만들어지기 때문에 분수의 곱셈과 나눗셈은 분수의 덧셈과 뺄셈보다 훨씬 더 쉽습니다. 그래서 저는 분수의 연산은 곱셈과 나눗셈에서 시작할 것을 권합니다.

✎ 분자, 분모 그리고 전체

　분수 $\frac{2}{3}$는 분자 2와 분모 3으로 구성됩니다. 분수에는 진분수, 가분수, 대분수가 있습니다. 진분수는 $\frac{2}{3}$처럼 분자가 분모보다 작은 분수입니다. $\frac{5}{3}$ 나 $\frac{3}{3}$ 처럼 분자가 분모보다 더 크거나 같은 것은 가분수라고 합니다. $2\frac{3}{5}$, 즉 2와 5분의 3처럼 정수와 진분수가 결합된 것은 대분수라고 하지요.

분모denominator라는 명칭은 단위denomination에서 유래되었습니다. 분모는 전체를 몇 등분했는지를 알려 줍니다. 예를 들어 분수 $\frac{2}{3}$에서 분모 3은 전체를 3등분했다는 뜻입니다. 분자numerator는 그 이름에서 알 수 있듯이, 등분한 부분이 몇 개 있는지를 나타냅니다.

분모는 우리가 어떠한 유형의 부분을 세는지
또는 전체를 몇 등분했는지를 알려 주고
분자는 등분한 부분이 몇 개인지를 나타냅니다.

분수는 '전체'에서 떼어 온 것입니다. 따라서 그 전체가 무엇인지 아는 것이 대단히 중요합니다. 다음의 그림 예시를 한번 눈여겨보길 바랍니다.

전체일까? 절반일까?

이것은 절반일까요, 전부일까요? 답은 전체에 대한 정의에 달렸습니다. 우리는 흔히 온전한 원 모양의 케이크를 전체라고 생각해 이 그림을 보고 절반이라고 말하는 경향이 있습니다. 만약 온전한 원 모양이 전체라면 이것은 절반입니다. 즉 이 그림은 전체의 $\frac{1}{2}$에 해당합니다. 하지만 전체가 반원이라면 이것이 전부지요.

우리가 사과 2개, 연필 2개처럼 실제 사물을 세면서 순수한 수 2의 개념을 익힌 것처럼 분수도 사과 $\frac{2}{3}$, 작은 원 $\frac{2}{3}$, 큰 원 $\frac{2}{3}$ 등을 다양하게 경험함으로써 순수한 분수 $\frac{2}{3}$의 개념을 확립해야 합니다. 분수도 수와 마찬가지로 전체를 세는 역할뿐만 아니라 독립적으로 존재할 수 있습니다.

분수에서 전체의 중요성

반원을 그린 다음, 아이에게 반원의 절반을 그리게 합니다. 그리고 이를 분수로 표시해 보게 하세요. 아이는 이를 '$\frac{1}{4}$'로 표시하나요, 아니면 '$\frac{1}{2}$'로 표시하나요?

이제 큰 피자 1판과 작은 피자 1판을 그려 보세요. 아이에게 큰 피자와 작은 피자를 각각 절반으로 나누어 보게 하세요. 그리고 이를 분수로 표현해 보게 하세요. 둘 다 $\frac{1}{2}$로 표현하나요? 사이즈가 다른데도 왜 똑같이 $\frac{1}{2}$일까요?

이때 절반은 전체를 무엇으로 선택하는가에 달려 있습니다. 만약 전체가 피자 1판이라면 전체의 절반은 피자 반 판입니다. 하지만 전체가 피자 반 판이라면 이 전체의 절반은 피자 4분의 1판이 되지요.

만약 전체가 꽃 20송이라면, 전체의 절반은 꽃 10송이인 것처럼 분수에서도 단위는 중요한 영향을 미칩니다. 아이들에게 절반을 그려 보라고 하세요. 그러면 아이들은 '무엇의 절반이지?' 하고 생각하게 될 것입니다.

분수에서 전체는 물건을 셀 때의 단위와 같습니다.

✎ 분수는 나눗셈을 다루기 위한 도구

분수는 왜 중요할까요? 분수 덕분에 우리는 작은 수를 큰 수로 나눌 수 있습니다. 예를 들어 $2 \div 3 = \frac{2}{3}$가 되지요. 우리는 2를 3으로 나눈 결괏값으로 '$\frac{2}{3}$'라는 새로운 형태의 수를 발명했습니다.

> 케이크 2개를 아이 3명에게 어떻게 나누어 줄 수 있을까요?

이 질문은 분수가 실제로 나눗셈이라는 사실을 설명합니다.

우선 첫 번째 케이크를 아이 3명에게 똑같이 나누어 줍니다. 아이들은 각자 첫 번째 케이크의 $\frac{1}{3}$씩을 받게 됩니다. 이제 두 번째 케이크를 나눕니다. 아이들은 다시 두 번째 케이크의 $\frac{1}{3}$씩을 받게 됩니다. 이것을 합하면 아이 1명당 $\frac{2}{3}$개의 케이크를 받게 됩니다. 이는 $2 \div 3$이 왜 $\frac{2}{3}$가 되는지를 설명합니다.

분수는 나눗셈의 결과이며, 분자는 피제수,
분모는 제수가 됩니다. 피제수/제수 인 것이지요.

따라서 분수에서 분자와 분모를 가르는 선은 나눗셈 기호로 생각할 수 있습니다. $\frac{2}{3}$ = 2÷3처럼 말이지요.

그러면 왜 분수 표기법이 따로 필요한 걸까요? 그냥 2÷3으로 표현하면 안 될까요?

2÷3은 2+3처럼 연산일 뿐이며, 우리는 연산의 결괏값에 해당하는 수를 찾고 있으므로 분수를 따로 표기할 수밖에 없습니다. 분수가 발명되기 전까지 우리는 2를 3으로 나눈 결괏값을 논의할 수 없었습니다. 분수가 발명된 후에야 결괏값은 수 $\frac{2}{3}$ 라고 논의할 수 있게 되었지요.

✎ 아이에게 분수를 쉽게 가르치는 방법

저는 분수를 가르칠 때 나눗셈과 분수 사이의 연관성을 밝히기 위해 나눗셈을 시작하곤 합니다. 처음에는 6÷2처럼 나머지가 생기지 않는 나눗셈을 다양하게 풀어 봅니다. 그런 뒤 아이 둘씩 짝을 지어 아이스크림 막대 7개를 나누어 가지게 합니다. 아이들은 각자 막대를 3개씩 나눠 가지고도 1개가 남게 되지요. 이때 그 남은 막대 1개를 어떻게 하면 좋을지 아이들과 토론합니다. 대부분의 아이들은 막대를 반으로 쪼개자고 제안합니다. 이를 통해 저는 쪼갠 부분을 절반이라고 부르며 이를 $\frac{1}{2}$ 로 표기할 수 있음을 알려 줍니다.

이러한 경험을 통해 아이들은 스스로 $\frac{1}{2}$ 의 의미를 얼추 깨닫게 됩니다. 분모가 2인 이유는 우리가 전체를 2등분했기 때문이고, 분자가 1인 이유는 등분한 것 중 1개를 가졌기 때문이라고 말이지요. 그리고 나면 아이들은 스스로 상당한 자부심을 느끼며 $\frac{1}{3}$ 이나 $\frac{1}{4}$ 과 같은 표기법도 발견해 냅니다. 분수를 가르칠 때는 이처럼 분자가 1인 분수를 맨 먼저 소개해야 합니다.

아이들이 분수의 의미를 제대로 이해하기 위해서는 구체적인 예시와 그림을 통해 나눗셈을 반복하며 직접 경험해 보아야 합니다. 여러 형태의 묶음과 도형을 활용해 $\frac{1}{2}, \frac{1}{3}, \frac{1}{4}$ 을 만들어 보는 연습을 해야 하지요.

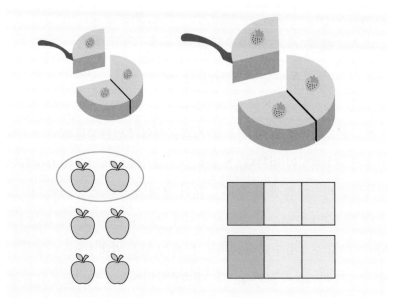

작은 케이크의 $\frac{1}{3}$. 큰 케이크의 $\frac{1}{3}$. 사과 6개의 $\frac{1}{3}$. 직사각형 2개의 $\frac{1}{3}$

그런 뒤에는 분자의 역할을 알려 줘야 합니다. 이때 일반적으로 도형을 이용해 설명하는데요. 예를 들어 피자를 3등분했을 때 $\frac{2}{3}$는 3등분한 피자의 2조각이 된다는 사실을 가르치는 것이지요. 하지만 가능하면 수로 빨리 넘어가는 것이 좋습니다. 예를 들어 연필 15자루의 $\frac{1}{3}$은 5자루이므로, $\frac{2}{3}$는 5×2, 즉 10자루라는 내용을 가르치는 겁니다. 아이들이 어려워할 것 같지만 대단히 재미있어하며 잘 따라옵니다.

나눗셈과 분수는 같이 배워야 한다

전 세계 모든 교과서에 만연해 있는 하나의 오류는 바로 분수를 나눗셈 연산과 분리해 가르친다는 것입니다. 왜 이렇게 하는 것일까요? 그 이유는 다음과 같습니다.

나눗셈은 12÷3처럼 수를 사용하여 먼저 가르칩니다. 반면에 분수는 거의 모든 책에서 도형을 사용해 가르치지요. 이렇게 하는 데는 이유가 있습니다. 처음부터 수를 이용해 가르치면 추상화 작업이 필요하기 때문입니다. 전체는 한 묶음을 의미합니다. 원형이나 직사각형을 전체로 다루는 것이 여러 낱개로 이루어진 하나의 묶음을 전체로 다루는 것보다 이해하기 훨씬 쉽기 때문에 도형을 사용하는 것이지요.

하지만 이는 잘못된 방법입니다. 나눗셈도 처음부터 도형을 활용해 가르쳐야 합니다. 직사각형 1개, 원형 1개 등을 3등분해 보아야 합니다. 이와 동시에 사과 3개나 아이 12명과 같은 묶음도 3등분해 보아야 합니다. 그리고 이렇게 등분한 것 중 하나를 '전체의 3분의 1'이라고 한다는 것을 같이 배워야 합니다. 이는 분수가 처음부터 묶음들, 즉 수에서 떼어져 만들어진다는 사실을 일깨워 줍니다.

✎ 전체에서 부분을 구하는 분수

여러 낱개가 모여 전체를 이루고 있을 때 필요한 계산이 바로 '수數의 분수'입니다.

학생 60명이 여행을 갔습니다. 그중 $\frac{2}{3}$가 여학생입니다. 여행을 간 여학생은 모두 몇 명입니까?

60의 $\frac{1}{3}$은 전체, 즉 60명으로 구성된 한 묶음을 3등분으로 나누고, 그중 1개를 취함으로써 얻을 수 있습니다. 60÷3=20이므로, 60의 $\frac{1}{3}$은 20입니다. 그럼 60의 $\frac{2}{3}$는 60을 3등분으로 나눈 부분 중 2개를 취한다는 의미이므로 20×2, 즉 40입니다.

일반적으로 어떤 수의 '부분'을 구하기 위해서는
수를 분모로 나눈 다음 분자로 곱하면 됩니다.

이제 우리는 반대의 경우도 생각해 보아야 합니다. 어떤 수에서 '한 부분'에 해당하는 수를 알고 있을 때, 그 한 부분이 전체에서 얼마를 차지하고 있는지를 묻는 경우지요. 다음의 예시를 살펴봅시다.

> 학생 수가 32명인 학급이 있습니다. 그중 남학생이 19명입니다. 남학생은 학급의 몇 분의 몇에 해당할까요?

아이들은 이런 유형의 문제를 특히 어려워합니다. 하지만 문제를 여러 단계로 쪼개면 쉽게 풀 수 있습니다. 첫 번째 단계에서 우리는 '학생 1명은 학생 32명 중 몇 분의 몇에 해당하는지'를 알아야 합니다. 이것은 쉽습니다. 32명 중 1명은 $\frac{1}{32}$입니다. 두 번째 단계에서는 '학생 19명은 학급의 몇 분의 몇을 구성하는지'를 알아내야 합니다. $\frac{1}{32}$이 19개가 있으므로, 답은 학급의 $\frac{19}{32}$가 됩니다.

✎ 부분에서 전체를 구하는 분수

지금까지 우리는 전체에서 부분을 구했습니다. 어떤 수의 $\frac{2}{3}$를 찾기 위해 어떤 수를 3으로 등분한 뒤 2를 곱했지요. 이제는 이와 반대로 부분을 통해 전체를 구하는 분수를 살펴보려고 합니다. 예시는 다음과 같습니다.

한 학급의 $\frac{1}{3}$이 7명이라면, 그 학급에는 모두 몇 명의 학생이 있을까요?

이 질문에 대한 답은 분명합니다. 한 학급의 $\frac{1}{3}$이 7명이라는 것은 3 등분한 것 중 1개의 부분이 7이라는 뜻입니다. 즉 전체인 1은 $\frac{1}{3}+\frac{1}{3}+\frac{1}{3}$에 해당하므로, 7+7+7(7×3)하여 한 학급에 21명이 있다는 것을 알 수 있습니다.

한 학급 학생 수의 $\frac{2}{3}$가 26명이라면, 전체 학생 수는 모두 몇 명일까요?

이렇게만 보면 어렵게 느껴질 수 있지만, 다음의 사실을 기억하세요. 어떤 문제가 어렵게 느껴진다면 그 문제를 여러 단계로 충분히 나누지 않았다는 뜻입니다. 우리는 이 문제를 2단계로 쪼갤 수 있습니다.

1단계. 만약 학생의 $\frac{2}{3}$가 26명이라면, $\frac{1}{3}$은 모두 몇 명일까요?
2단계. 학생 수의 $\frac{1}{3}$이 00명이라면, 전체 학생 수는 몇 명일까요?

1단계를 계산하면 $\frac{1}{3}$은 $\frac{2}{3}$의 절반입니다. 그러므로 학급의 $\frac{2}{3}$가 26 명이라면 $\frac{1}{3}$은 26÷2의 값인 13명입니다. 이제 2단계로 넘어갈 수 있습니다. $\frac{1}{3}$이 13명이라고 할 때 전체 학생 수는 13×3의 값인 39명이지요.

$\frac{2}{3}$에서 전체를 구하기 위해 우리는 분자(2)로 나누고 분모(3)로 곱했습니다.

> 어떤 수의 부분에서 '전체'를 구하기 위해서는
>
> 수를 분자로 나눈 다음, 분모로 곱하면 됩니다.

이는 전체의 $\frac{2}{3}$를 구할 때 요구되었던 연산과 정반대입니다. 부분에서 전체를 구하는 것은 전체에서 부분을 구하는 것과 정반대 연산이므로, 그리 놀랄 일은 아닙니다. 다른 예제를 하나 더 살펴보겠습니다.

> 어느 집단의 $\frac{5}{7}$가 40명이면, 그 집단에 속한 사람은 모두 몇 명일까요?

집단의 $\frac{1}{7}$은 $40 \div 5$를 한 값인 8입니다. $\frac{1}{7}$은 $\frac{5}{7}$보다 5배만큼 적기 때문입니다. 집단의 $\frac{1}{7}$이 8명이면, 전체 집단은 7배만큼 크므로 7×8의 값인 56명이 됩니다.

분수 표기법은 어디서 유래했을까?

분모를 분자 아래에 두는 수직적 구조를 고안한 것은 이집트인들이었습니다. 그런데 이집트인들은 $\frac{1}{2}, \frac{1}{3}, \frac{1}{4}$ 처럼 분자가 1인 분수만을 사용했습니다. 이를 단위 분수라고 하는데요. 이집트 분수라고도 부릅니다.

보편적인 분자 형태를 갖춘 분수는 인도에서 처음으로 사용되었습니다. 하지만 인도인들도 분수 선을 사용하지 않았으며, 그냥 분모 위에 분자를 썼습니다. 분수 선은 13세기 수학자 레오나르도 피보나치에 의해 도입되었지요.

분수의 곱셈과 나눗셈

　정수를 가르칠 때는 덧셈과 뺄셈을 먼저 가르친 후에 곱셈과 나눗셈을 가르칩니다. 그 이유는 분명합니다. 정수에서는 덧셈과 뺄셈이 더 기초적이고 단순하기 때문이지요. 우리는 어느 정도 일관성을 살린다는 이유로, 대개 분수의 연산도 이 순서대로 가르칩니다. 하지만 이러한 순서는 완전히 옳다고 볼 수 없습니다. 나눗셈을 나타내는 수인 분수는 덧셈과 뺄셈보다 곱셈, 나눗셈과 더 밀접하기 때문입니다. 물론 $\frac{2}{7}+\frac{3}{7}$처럼 분모가 같은 경우에는 사과 2개+사과 3개와 크게 다르지 않아 어렵지 않게 가르칠 수 있습니다.

　하지만 서로 분모가 다른 분수의 덧셈, 뺄셈의 경우에는 이야기가 달라집니다. 공통분모를 찾아 통분하는(두 분수의 분모를 같게 만드는 것) 등 분수의 곱셈과 나눗셈보다 훨씬 더 어렵기 때문에 나중에 가르쳐야 보다 효과적이지요. 공통분모의 개념을 이해하고 공통분모를 구할 때 필요한 분수의 약분(분모와 분자를 그 공약수로 나누어 분수의 값을 변화시키지 않고 분수를 간단히 하는 것) 역시 수의 곱셈이나 나눗셈과 아주 밀접한 관련이 있기 때문에 이 책에서는 분수의 연산을 곱셈과 나눗셈에서 시작하였습니다.

✏️ 분수와 정수의 곱셈과 나눗셈

분수와 정수 곱하기

$4 \times \dfrac{2}{3}$ 는 얼마일까요?

분수와 정수를 곱할 때는 분자에 그 정수를 곱합니다.

4×2 는 8이므로 $4 \times \dfrac{2}{3}$ 는 $\dfrac{8}{3}$ 이 됩니다. 그 풀이 과정은 다음과 같습니다.

$$4 \times \frac{2}{3} = \frac{4 \times 2}{3} = \frac{8}{3}$$

분수와 정수 나누기

$12-2-3 = 12-(2+3)$처럼 잇따라 두 수를 빼는 것은 두 수의 합을 빼는 것과 같습니다. 나눗셈에서도 잇따라 두 수로 나누는 것은 두 수의

곱을 나누는 것과 같습니다. 이를 바탕으로 $\frac{2}{3} \div 4$는 얼마인지 알아보겠습니다. 우리는 $\frac{2}{3} = 2 \div 3$이라는 사실을 알고 있습니다. $2 \div 3$의 몫을 4로 나누는 것은 제수 3에 4를 곱하는 것과 같지요. 즉 $(2 \div 3) \div 4 = 2 \div (3 \times 4) = 2 \div 12$가 되는 것입니다. 이것을 분수로 표현하면 다음과 같습니다.

$$\frac{2}{3} \div 4 = \frac{2}{3 \times 4} = \frac{2}{12}$$

분수를 정수로 나눌 때는
분모에 그 정수를 곱합니다.

또 다른 예시를 들어보겠습니다. $\frac{5}{2} \div 6$을 계산하면 다음과 같습니다.

$$\frac{5}{2} \div 6 = 5 \div 2 \div 6 = 5 \div (2 \times 6) = \frac{5}{2 \times 6} = \frac{5}{12}$$

$\frac{2}{3} \div 4 = \frac{2}{12}$라는 사실을 그림으로 설명하면 다음과 같습니다.

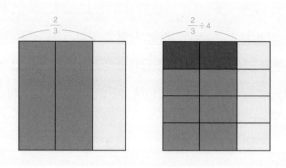

왼쪽 직사각형 그림에서 회색 부분은 직사각형의 $\frac{2}{3}$를 이룹니다. 오른쪽 직사각형 그림에서 가로선은 직사각형을 4등분합니다. 따라서 진회색 부분은 회색 부분인 $\frac{2}{3}$의 $\frac{1}{4}$을 이룹니다. 세로선과 가로선은 직사각형을 12개로 똑같이 분할하며, 그중 진회색 사각형 2개는 $\frac{2}{12}$에 해당합니다.

✎ 동치 분수

만약 우리가 $\frac{2}{3}$의 분자와 분모에 각각 4를 곱한다면 무슨 일이 일어날까요? 분수는 4배로 커졌다가 다시 4배로 작아지겠지요.『이상한 나라의 앨리스』에서 앨리스가 2가지 물약을 마셨을 때 커졌다가 작아져결국 원래 크기로 돌아오는 것처럼요. 어떠한 수에 4를 더했다 빼도 그수가 변하지 않듯이 어떠한 수를 4로 곱했다가 나누어도 그 수는 변하지 않습니다. '10+4-4=10'처럼 '10×4÷4=10'입니다.

결론적으로 $\frac{2}{3}$를 $\frac{2\times4}{3\times4}$한 값인 $\frac{8}{12}$로 대체해도 그 수는 바뀌지 않습니다. 2개의 분수 $\frac{8}{12}$과 $\frac{2}{3}$는 똑같은 거지요. 이렇게 분모와 분자가 다르지만 크기가 같은 분수를 '동치 분수'라고 합니다.

아래 그림은 $\frac{2\times4}{3\times4}$ = $\frac{2}{3}$라는 사실을 확실히 보여 줍니다.

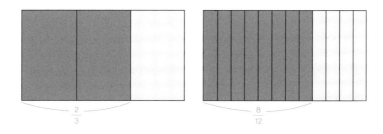

똑같은 분수는 아주 다양한 방식으로 표기될 수 있습니다. 예를 들면 다음과 같습니다.

$$\frac{1}{2} = \frac{2}{4} = \frac{3}{6} = \frac{4}{8} = \cdots\cdots$$

약분

약분은 간단히 설명해 분자와 분모를 똑같은 수로 나누는 것입니다.

예컨대 $\frac{8}{12}$에서 분자와 분모를 4로 나누어 $\frac{2}{3}$를 만드는 것처럼요. 분수의 값을 변화시키지 않고 분수를 간단히 하기 위한 작업입니다. 약분을 하기 위해서는 약수를 알아야 합니다.

약수란 나누어떨어지는 수입니다.

1과 자신은 반드시 포함되지요.

12는 1, 2, 3, 4, 6, 12로 나누어떨어집니다. 이때 1, 2, 3, 4, 6, 12를 12의 약수라고 합니다. 8은 1, 2, 4, 8로 나누어떨어집니다. 1, 2, 4, 8은 8의 약수이지요. $\frac{8}{12}$을 약분하기 위해서는 분자와 분모를 똑같은 수로 나누어야 합니다. 12와 8의 공약수(둘 이상의 수의 공통 약수)는 1, 2, 4이며, 이 중 가장 큰 공약수를 뜻하는 최대공약수는 4입니다. 즉 4로 분자와 분모를 나누었을 때 가장 간단한 분수로 만들 수 있지요. 그리고 분모와 분자 사이의 공통되는 약수가 1뿐이어서 더 이상 약분되지 않는 것을 '기약 분수'라고 합니다.

✎ 분수와 분수 곱하기

이제 두 분수를 곱하는 방법을 살펴보도록 하겠습니다. 먼저 $\frac{2}{3} \times \frac{4}{5}$의 값을 구해 보기로 하지요. $\frac{4}{5}$ = 4÷5이므로, $\frac{4}{5}$를 곱한다는 것은 4를 곱하고 5로 나누는 것을 의미합니다. 식으로 표현하면 $\frac{2}{3} \times \frac{4}{5} = \frac{2}{3} \times$

4÷5가 되겠지요. 우리가 분수와 정수를 곱하고 나눌 때 배운 규칙에 따라 $\frac{2}{3} \times 4 \div 5$는 먼저 $\frac{2}{3}$의 분자인 2에 4를 곱하고 분모인 3에 5를 곱해 계산값을 얻을 수 있습니다.

두 분수를 곱할 때는 분자는 분자끼리, 분모는 분모끼리 곱합니다.

다음과 같습니다.

$$\frac{2}{3} \times \frac{4}{5} = \frac{2 \times 4}{3 \times 5}$$

예시를 하나 더 살펴보면 다음과 같습니다.

$$\frac{3}{2} \times \frac{7}{6} = \frac{3 \times 7}{2 \times 6} = \frac{21}{12}$$

이때 $\frac{21}{12}$은 3으로 약분되므로 $\frac{7}{4}$이 됩니다.

$$\frac{21}{12} = \frac{\cancel{3} \times 7}{\cancel{3} \times 4} = \frac{7}{4}$$

곱셈하기 전에 약분하기

곱셈을 하기 전에 약분하면 수고로움을 덜 수 있습니다. $\frac{3}{2} \times \frac{7}{6}$ 의 값을 구하면서 우리는 3이 결괏값의 분자와 분모의 곱셈을 구성하고 있는 인수 중 하나라는 것을 알았습니다. 따라서 이 두 수를 미리 3으로 약분하며 다음처럼 계산할 수 있습니다.

$$\frac{3}{2} \times \frac{7}{6} = \frac{\cancel{3}}{2} \times \frac{7}{2 \times \cancel{3}} = \frac{1}{2} \times \frac{7}{2} = \frac{1 \times 7}{2 \times 2} = \frac{7}{4}$$

$\frac{7}{4}$ 은 대분수인 $1\frac{3}{4}$ 으로도 표기할 수 있습니다. 그리고 이를 1과 4분의 3이라고 읽습니다. 분수의 곱셈에서는 수가 커질수록 약분하는 일이 중요해집니다. 예를 들어 $\frac{27}{16} \times \frac{10}{9}$ 에서 우리는 분자 27과 분모 9를 9로 약분할 수 있습니다. 그리고 분모 16과 분자 10은 2로 나누어 약분할 수 있지요. 식으로 나타내면 다음과 같습니다.

$$\frac{27}{16} \times \frac{10}{9} = \frac{3}{8} \times \frac{5}{1} = \frac{15}{8} = 1\frac{7}{8}$$

분수만큼 가진다는 것의 의미

어른, 아이 할 것 없이 모두 헷갈려하는 것이 있습니다. 그것은 바로

'어떤 것을 분수만큼 가진다.'의 의미가 '그것을 분수만큼 곱하면 된다.' 와 같다는 사실입니다.

예를 들어 분수 $\frac{2}{3}$에 관한 정의에 따라, 우리는 사과 60개의 $\frac{2}{3}$의 값을 알기 위해서는 사과 60개를 3등분하여 1등분이 20개이며 그것을 2번 가져서 40개라는 값을 얻어야 한다는 것을 알고 있습니다.

다른 한편으로는 다음처럼 계산할 수 있습니다.

$$60 \times \frac{2}{3} = \frac{60 \times 2}{3} = \frac{120}{3} = 40$$

어떻게 이럴 수 있을까요? $\frac{2}{3}$만큼 가진다는 것은 3등분한 후 그중 2만큼을 가진다는 의미입니다. 3으로 나누고 2를 곱한다는 뜻이지요. 또한 $\frac{2}{3} = 2 \div 3$이므로 $60 \times 2 \div 3$으로, 2를 곱하고 3으로 나누는 것이라고 볼 수 있겠습니다.

더 심오한 측면에서 살펴보자면 우리는 곱셈과 수 세기를 거의 동일하게 여겨 왔습니다. 실제로 물건 5개는 그 물건 1개를 5번 곱하는 것과 같습니다. 그 물건을 5번 반복하는 것을 의미하지요. 따라서 10개짜리 묶음 5개는 10×5로, 10을 5번 반복해 세는 것과 동일하게 50이라는 결과를 얻을 수 있습니다. 이 과정은 분수 계산에서도 이어집니다. 전체의 $\frac{2}{3}$는 전체 곱하기 $\frac{2}{3}$와 같습니다. 전체를 분수만큼 가지는 것은 전체를 분수만큼 세는 것, 즉 분수만큼 배하는 것과 같지요. 그러므로 전체를 $\frac{2}{3}$ 만큼 가지는 것은 전체를 $\frac{2}{3}$ 번 세는 것과 같고 전체를 $\frac{2}{3}$ 번 반복하는 것과 같으며 전체를 $\frac{2}{3}$ 로 곱하는 것과 같습니다.

한 학급에 학생이 32명 있습니다. 그중 $\frac{5}{8}$ 가 여학생입니다. 남학생은 모두 몇 명일까요?

이 문제는 2가지 방식으로 풀 수 있습니다. 첫 번째는 여학생 수를 구한 뒤 남학생 수를 구하는 방법입니다.

$$32 \times \frac{5}{8} = 4 \times \frac{5}{1} = 20$$

우리는 곱셈을 하기 전에 8로 약분했습니다. 32를 8로 나누었지요. 이 계산을 통해 여학생은 모두 20명임을 알게 되었습니다. 전체 학생 수가 32명인데 여학생 수가 20명이니 남학생은 32-20=12명임을 알 수 있습니다.

두 번째는 남학생이 학급의 $\frac{3}{8}$ 임을 이용하는 풀이법입니다. 우리는 $\frac{5}{8}$ 가 여학생이라면, 나머지 $\frac{3}{8}$ 은 남학생임을 알 수 있습니다. 이를 전체 학생 수에 곱하면 남학생 수가 나오겠지요.

$$32 \times \frac{3}{8} = 4 \times \frac{3}{1} = 12$$

　그럼 사과 $\frac{1}{2}$개의 $\frac{1}{3}$은 얼마일까요? '전체를 분수만큼 가지는 것'과 '전체를 분수로 곱하는 것'이 같다는 사실을 떠올리면 쉽게 답을 구할 수 있습니다. 그 전체가 분수일 뿐이거든요. 정답은 사과 $\frac{1}{2} \times \frac{1}{3}$개, 즉 $\frac{1 \times 1}{2 \times 3} = \frac{1}{6}$개입니다.

　또한 사과 $\frac{1}{2}$개는 사과를 2로 나누어 얻을 수 있으며, 사과 $\frac{1}{2}$개의 $\frac{1}{3}$은 반으로 자른 사과를 다시 3등분해 얻을 수 있다는 사실에 근거해 사과를 2×3하여 6으로 나누어서 계산할 수도 있습니다. 한번 다른 문제들로 연습해 볼까요?

$\frac{5}{8}$의 $\frac{3}{4}$은 얼마일까요?

　위 문제의 답을 구하기 위해서는 두 분수를 곱해야 합니다. 즉 $\frac{5 \times 3}{8 \times 4}$하여 $\frac{15}{32}$입니다.

한 여학생이 동전 2개를 100번 던졌습니다. 그중에서 절반은 첫 번째 동전이 '앞면'으로 떨어졌고, 또 그중 절반은 두 번째 동전도 '앞면'으로 떨어졌습니다. 두 동전이 모두 '앞면'으로 떨어진 것은 총 몇 번일까요?

이 문제를 풀기 위해서는 두 동전이 모두 앞면으로 떨어진 경우를 구해야 합니다. 1개의 동전이 앞면으로 떨어질 경우는 $\frac{1}{2}$이므로 $\frac{1}{2} \times \frac{1}{2} = \frac{1}{4}$임을 알 수 있습니다. 두 동전이 모두 앞면으로 떨어지는 경우는 $\frac{1}{4}$이므로 총 던진 횟수에서 $\frac{1}{4}$에 해당하는 횟수를 구하면 답을 구할 수 있습니다. $100 \times \frac{1}{4} = 25$번입니다.

✎ 분수와 분수 나누기

분수의 나눗셈은 한마디로
그 분수의 역수를 곱하는 것입니다.

역수란 분자와 분모의 자리를 바꾼 분수입니다. 즉 $\frac{5}{8}$로 나누는 것은 $\frac{8}{5}$을 곱하는 것입니다. 다시 말해 분수로 나누는 것은 그 분수의 분자로 나누고 분모를 곱하는 것이지요.

다음은 분수의 나눗셈을 보여 주는 예시들입니다.

예1)
$$\frac{7}{20} \div \frac{2}{3} = \frac{7}{20} \times \frac{3}{2} = \frac{21}{40}$$

예2)
$$\frac{10}{7} \div \frac{5}{8} = \frac{10}{7} \times \frac{8}{5} = \frac{2}{7} \times \frac{8}{1} = \frac{16}{7}$$

하지만 거의 모든 사람이 이렇게 되는 이유를 알지 못합니다. $\frac{4}{5} \div \frac{2}{3}$ 를 예로 들어 보겠습니다.

우리의 목적은 $\frac{4}{5} \div \frac{2}{3}$ 가 $\frac{4 \times 3}{5 \times 2}$ 과 같다는 사실을 보여 주는 것입니다. 우선 $\frac{4}{5} \div 2$ 를 계산해 봅시다. 우리는 $\frac{4}{5} = 4 \div 5$ 라는 사실을 알고 있으며, $4 \div 5$ 를 2로 나누는 것은 4를 5×2 로 나누는 것과 같음을 알고 있습니다. $(4 \div 5) \div 2 = 4 \div (5 \times 2)$ 가 되는 것이지요. 이를 분수로 표현하면 다음과 같이 됩니다.

$$\frac{4}{5} \div 2 = \frac{4}{5 \times 2}$$

다음으로 $\frac{2}{3} = 2 \div 3$ 이므로 어떤 수를 $(2 \div 3)$ 으로 나눈 값은 그냥 2로 나누는 것보다 그 몫이 3배 더 큽니다. 제수가 특정 배만큼 작아지면, 몫은 같은 배만큼 커지기 때문이지요. 즉 다음과 같이 됩니다. 이로써 분수의 나눗셈 법칙이 증명된 것이지요.

$$\frac{4}{5} \div \frac{2}{3} = \frac{4}{5} \div (2 \div 3) = \left(\frac{4}{5} \div 2\right) \times 3 = \frac{4}{5 \times 2} \times 3 = \frac{4 \times 3}{5 \times 2}$$

어떤 수를 1보다 작은 분수로 나누면 그 수는 커집니다

9에 $\dfrac{2}{3}$를 곱하면, 결과는 다음과 같습니다.

$$9 \times \frac{2}{3} = 9 \times 2 \div 3 = 18 \div 3 = 6$$

결괏값은 9보다 작아집니다. 우리가 2를 곱하고 2보다 더 큰 수인 3으로 나누었기 때문에 이 결과는 조금도 놀랍지 않습니다. 이와 반대로 $\dfrac{2}{3}$로 나누면 어떻게 될까요? 이것은 3을 곱하고 2로 나누는 것을 뜻합니다. 어떤 수를 나누는 수보다 더 큰 수로 곱하면, 그 수는 커집니다. 예컨대 $6 \div \dfrac{2}{3}$는 다음과 같습니다.

$$6 \div \frac{2}{3} = 6 \times \frac{3}{2} = 9$$

결괏값은 6보다 큰 수인 9가 되었습니다. 물론 두 수식 사이에는 연관성이 있습니다. $\dfrac{2}{3}$로 곱한 값이 작아졌다면, 정반대 연산인 $\dfrac{2}{3}$로 나눈 값은 커집니다.

✎ 아이에게 분수의 나눗셈을 쉽게 가르치는 방법

분수의 나눗셈을 아이에게 설명하기란 쉬운 일이 아닙니다. 그래서 제 딸과 나눈 대화 형식을 빌려 아이에게 쉽게 설명하는 방법을 알려 주고자 합니다.

저는 당시 4학년이던 딸과 함께 산책을 하고 있었습니다. 1시간이 채 안 되는 산책 시간 동안 저는 딸아이에게 수를 분수로 나누는 법을 가르쳐 주었지요. 여기에 그때 나눈 대화를 옮겨 놓았습니다. 그리고 대화를 나눌 때 유의해야 하는 점도 함께 소개해 놓았습니다.

나: 분수 곱셈을 익혔다면 이제 분수로 나누는 방법을 살펴볼까? 예를 들어 $10 \div \frac{2}{3}$ 를 계산해 보자.

딸: 쉬운 문제를 내주세요.

나: 어려웠나 보구나. 그럼 보다 쉬운 문제에서 시작해 보자. 네가 생각하기에 가장 간단한 분수는 무엇이니?

딸: $\frac{1}{2}$ 이요.

나: $\frac{1}{2}$ 로 만들 수 있는 가장 쉬운 나눗셈 문제는 뭐가 있을까?

(TIP. 아이 스스로 문제를 만들어 보게 하세요.)

딸: $1 \div \frac{1}{2}$ 이요.

나: 그 식을 계산할 수 있니?

딸: 그럼요. $1 \div 2 = \frac{1}{2}$ 이므로 답은 2예요. 만약 $6 \div 2 = 3$ 이면 $6 \div 3 = 2$ 이듯, 마찬가지로 $1 \div 2 = \frac{1}{2}$ 이면 $1 \div \frac{1}{2} = 2$ 예요.

(TIP. 모든 아이가 이 풀이를 이해하지는 못할 것입니다. 하지만 이를 몰라도 다음 내용은 충분히 이해할 수 있습니다.)

나: 아주 훌륭한데! 하지만 이보다 더 쉬운 풀이법도 있단다. 2는 6에 3번 들어가니까 6÷2=3이지. 이러한 나눗셈을 뭐라고 하는지 기억하니?

딸: 그럼요. 포함제 나눗셈이에요.

(TIP. 정확한 용어를 사용하면 개념을 다질 수 있어요.)

나: 만약 6÷2가 6에 2가 몇 번 들어가는지를 뜻한다면, $1 \div \frac{1}{2}$ 은 무슨 뜻이지?

딸: ' $\frac{1}{2}$ 이 1에 몇 번 들어갈까요?'라는 뜻이요.

나: 몇 번 들어가지?

딸: $\frac{1}{2}$ 은 1에 2번 들어가요. 따라서 $1 \div \frac{1}{2}$ 은 2지요.

나: 그렇다면 $3 \div \frac{1}{2}$ 은 얼마일까?

(TIP. 진도를 천천히 나가야 해요.)

딸: $\frac{1}{2}$ 은 1에 2번 들어가요. 3은 1이 3개 있는 것이므로 $\frac{1}{2}$ 은 3에 2×3=6번 들어가지요. 따라서 $3 \div \frac{1}{2}$ 은 6이에요.

나: 좋아. 그러면 $4 \div \frac{1}{2}$ 은?

딸: 8이요.

나: 그럼 $5 \div \frac{1}{2}$ 은?

(TIP. 연습을 통해 배운 내용을 확실히 다져 주세요.)

딸: 10이요.

나: 규칙을 말해 줄 수 있겠니?

딸: 네. 어떤 수를 $\frac{1}{2}$로 나눈다는 것은 그 수를 2로 곱하는 거예요. 어떤 수의 1마다 $\frac{1}{2}$을 2개 포함하기 때문이에요.

(TIP. 규칙을 경험한 후에는 그 규칙을 말로 표현하게 하세요.)

여기까지 도달했다면 다양한 문제를 풀어 보며 연습해 보는 것이 좋습니다. '사과 5개에는 사과 $\frac{1}{2}$개가 몇 개 들어갈까요? $5 \div \frac{1}{2}$은 얼마인가요?' '$\frac{1}{2}$은 10에 모두 몇 번 들어가나요? $10 \div \frac{1}{2}$은 얼마인가요?' '초코바 13개를 아이들에게 나눠 주었고, 아이들은 $\frac{1}{2}$개씩 받았습니다. 그렇다면 아이들은 모두 몇 명인가요? $13 \div \frac{1}{2}$은 얼마인가요?' 등 다양하게 연습해 보면 좋습니다.

나: 좋아. 그럼 이제 3분의 1로 나누어 보자. $1 \div \frac{1}{3}$은 얼마지?

딸: $\frac{1}{3}$은 1에 3번 들어가니까, 정답은 3이에요.

나: 그럼 $4 \div \frac{1}{3}$은?

딸: $\frac{1}{3}$은 1에 3번 들어가니까 $3 \times 4 = 12$, 즉 4에는 12번 들어가요.

나: 그럼 $\frac{1}{3}$로 나눌 때의 규칙은 무엇이니?

딸: 어떤 수를 $\frac{1}{3}$로 나누는 것은 그 수를 3으로 곱하는 거예요.

나: 잘했어. 우리는 $\frac{1}{2}$로 나누는 것이 2로 곱하는 것이고, $\frac{1}{3}$로 나누는 것이 3으로 곱하는 것이라는 사실을 알았어. 그렇다면 $\frac{1}{4}$로 나누기는 어떻게 하지?

딸: 4를 곱하면 돼요.

나: 그래. 이제 원리를 깨달았구나. 몇 분의 1로 나눈다는 것은

그 수로 곱한다는 뜻이야.

(TIP. 이렇게 규칙을 정리해 줘야 합니다.)

이제 조금 더 난이도를 올려 $\frac{2}{3}$로 나누어 볼까? 우선 잠시 $\frac{1}{3}$로 나누는 것을 다시 한번 되짚어 보자. 만약 파티에 케이크가 10개 있고 모든 아이들이 케이크 $\frac{1}{3}$개를 먹었다면, 파티에는 모두 몇 명의 아이들이 있을까?

딸: $10 \div \frac{1}{3} = 30$이니까, 아이들은 30명 있었어요.

나: 아이들이 케이크를 $\frac{1}{3}$개 대신 $\frac{2}{3}$개씩 먹었다고 가정해 보자. 다시 말해 전보다 2배 더 많은 케이크를 먹은 셈이지. 그렇다면 그 케이크는 몇 명의 아이에게 나눠 줄 수 있을까?

딸: 모든 아이가 전보다 2배 많은 양을 먹었어요. 그러므로 30명의 절반인 15명에게 케이크가 돌아갔을 거예요.

나: 맞아. 여기서 수식은 무엇이니?

딸: $10 \div \frac{2}{3}$예요. 왜냐하면 $\frac{2}{3}$가 10에 몇 번 들어가는지 찾아내야 하기 때문이에요.

나: 좋아. 그럼 이 식을 어떻게 풀었니?

딸: 10을 3으로 곱하고 2로 나누었어요.

나: 그렇다면 어떤 수를 $\frac{2}{3}$로 나눌 때의 규칙은 무엇이지?

딸: 그 수를 3으로 곱하고 2로 나누면 돼요.

나: $\frac{3}{4}$으로 나누는 데 있어서 규칙은 무엇일까?

딸: 4로 곱하고 3으로 나눠요.

나: 아주 잘하는구나. 그럼 분수 나눗셈을 할 때의 일반적인 규

칙은 무엇일까?

딸: 분모로 곱하고 분자로 나누는 거예요.

분수의 덧셈과 뺄셈

하나의 연산을 해내는 것도 벅찬데, 2가지 다른 유형의 연산을 동시에 하려면 보통 어려운 일이 아니겠지요? 분수의 덧셈이 어려운 이유입니다. 분수는 실제로 나눗셈입니다. 따라서 분수를 더하는 일은 나눗셈과 덧셈이라는 2가지 연산과 관련됩니다. 혼합 연산이라고 할 수 있지요. 어려운 게 당연합니다.

✎ 분모가 서로 다른 분수의 덧셈

분수를 더하려면 초등 수학의 상징 중 하나라고 할 수 있는 공통분모를 찾아야 합니다. 공통분모는 공통 언어에 비유할 수 있습니다.

분수 $\frac{1}{5}$과 분수 $\frac{2}{5}$가 만나면, 두 분수는 서로 대화가 통합니다. 분모가 5인 같은 세상에 살고 있으므로, 서로 합치는 데 아무런 문제가 없습니다. 사과 1개+사과 2개가 사과 3개가 되는 것처럼 $\frac{1}{5} + \frac{2}{5} = \frac{3}{5}$이지요. 하지만 곤란한 문제는 두 분수가 같은 언어로 말하지 않을 때, 다시 말해 두 분수가 다른 분모를 가지고 있을 때 발생합니다. 이 경우에는 공통 언어를 찾는 것 말고는 다른 방법이 없습니다. 두 분수에게 똑같은 분모, 즉 공통분모를 찾아 주어야 한다는 뜻입니다.

저는 공통분모의 원리를 설명할 때 한 피자 가게 사장과 어느 우유부단한 고객에 대한 이야기를 자주 합니다.

한 고객이 자신의 두 아이를 위해 피자를 주문하며 피자를 똑같이 2등분해 달라고 부탁했습니다. 그러다 문득 아이들의 친구가 1명 더 놀러 올 수도 있다는 사실을 기억해 냈습니다. 그래서 사장에게 2명이 먹거나 3명이 먹게 되더라도 똑같이 나눠 먹을 수 있도록 피자를 균등하게 나눠 달라고 요청했습니다. 피자 가게 주인은 피자를 몇 조각으로 나눠야 할까요?

정답은 6조각입니다. 2명이 피자를 같이 먹게 된다면, 1명당 3조각을 먹을 수 있습니다($\frac{1}{2} = \frac{3}{6}$). 또 3명이 피자를 같이 먹게 된다면, 1명당 2조각을 먹을 수 있지요($\frac{1}{3} = \frac{2}{6}$).

다음 날 고객은 다시 피자를 주문하면서 "오늘은 3명의 아이들이 피자를 먹을 것 같아요. 그런데 나중에 1명이 더 올 수도 있어요."

라고 말했습니다. 피자는 모두 몇 조각으로 나눠야 할까요?

정답은 12조각입니다. 아이가 3명 온다면 1명당 4조각을 먹을 수 있고, 아이가 4명 온다면 1명당 3조각을 먹을 수 있지요.

이런 식으로 아이의 수를 계속 늘려 가며 공통분모의 원리를 설명할 수 있는데요. 고객의 첫 번째 주문에서 피자를 6등분으로 나누면 아이가 2명이 있든 3명이 있든 모두 공평하게 나누어 먹을 수 있는 것은 왜일까요? 답은 간단합니다. '6은 2로도 나뉘고 3으로도 나뉘는 수'이기 때문입니다. 이것을 다른 말로 '6은 2와 3의 공배수'라고 표현할 수 있습니다.

어떤 수를 1배, 2배, 3배한 수를 배수라고 하는데,
공배수란 둘 이상의 수의 공통인 배수를 뜻합니다.

'어떤 수로 나뉜다.'는 것은 '그 수의 배수'라는 뜻입니다. 6은 2의 배수이자 3의 배수인 것이지요. 그런데 6이 2로도 나뉘고 3으로도 나뉘는 수라는 것은 $\frac{1}{2}$(2로 나눔)과 $\frac{1}{3}$(3으로 나눔)을 분모가 6인 분수로 만들 수 있다는 뜻입니다. 즉 $\frac{1}{2}$은 $\frac{3}{6}$으로, $\frac{1}{3}$은 $\frac{2}{6}$로 표현될 수 있다는 말이지요.

이때 사용되는 용어가 바로 공통분모입니다. 6은 $\frac{1}{2}$과 $\frac{1}{3}$의 공통분모입니다. 이제 마침내 $\frac{1}{2}+\frac{1}{3}$을 계산할 수 있습니다. $\frac{1}{2}=\frac{3}{6}$과 $\frac{1}{3}=\frac{2}{6}$로

나타낼 수 있기 때문이지요. 둘을 더하면 다음과 같습니다.

$$\frac{1}{2} + \frac{1}{3} = \frac{3}{6} + \frac{2}{6} = \frac{5}{6}$$

두 번째 주문의 3과 4는 수많은 공배수를 가지고 있습니다. 예컨대 120도 3과 4의 공배수지요. 하지만 수많은 공배수 중에서도 가장 간단하고 자연스러운 공배수가 있습니다. 그것은 바로 두 수의 곱인 12입니다. 왜냐하면 3×4를 한 값은 따져 볼 것도 없이 3과 4의 배수이기 때문이지요. 법칙은 이러합니다.

분모끼리의 곱은 항상 분모의 공배수가 됩니다.
즉 공통분모가 되지요.

이제 공통분모를 구하는 방법을 알았으니 본격적으로 분수를 더하는 방법을 살펴보도록 하겠습니다. 분수의 덧셈에는 간단한 공식이 있습니다.

$\frac{2}{5} + \frac{1}{3}$을 계산해 볼까요? 이 두 분수의 공통분모는 분모들의 곱이므로 5×3=15입니다. 이제 각 분수의 분모를 15로 만들어야 합니다. $\frac{2}{5}$의 분모를 15로 만들려면 3배만큼 커져야 합니다. $\frac{2}{5} × \frac{3}{3}$ 해야 하지요. 그러면 분자는 6이 됩니다. 또 $\frac{1}{3}$은 분모를 15로 만들려면 5배

만큼 커져야 합니다. $\frac{1}{3} \times \frac{5}{5}$ 해야 하지요. 그 결과 분자는 5가 됩니다. 두 분수를 더할 때, 분자의 값은 $2 \times 3 + 1 \times 5$가 됩니다. 이것은 수를 대각선으로 곱하여 더한 값과 같습니다. 즉 첫 번째 분수의 분자를 두 번째 분수의 분모와 곱하고, 두 번째 분수의 분자를 첫 번째 분수의 분모와 곱하여 더한 것이지요. 결과는 다음과 같습니다.

$$\frac{2}{5} + \frac{1}{3} = \frac{2 \times 3 + 1 \times 5}{5 \times 3}$$

이를 정리하면 다음과 같습니다.

$$분수의\ 합 = \frac{각\ 분자를\ 서로\ 다른\ 분모로\ 곱한\ 값의\ 합}{두\ 분모의\ 곱}$$

✏️ 분수의 뺄셈

이제 우리는 분수를 더하는 법을 알게 되었습니다. 그렇다면 뺄셈은 어떨까요? 뺄셈도 똑같습니다. 다음의 예시를 살펴보면 빠르게 이해할 수 있습니다.

$$\frac{2}{5} - \frac{1}{3} = \frac{2 \times 3}{5 \times 3} - \frac{1 \times 5}{3 \times 5} = \frac{2 \times 3 - 1 \times 5}{15} = \frac{6 - 5}{15} = \frac{1}{15}$$

🖋 분수의 비교

$\frac{2}{3}$와 $\frac{4}{5}$ 중 어떤 수가 더 클까요? 이 질문의 답은 쉽습니다. $\frac{2}{3}$는 $1 - \frac{1}{3}$인 반면, $\frac{4}{5}$는 $1 - \frac{1}{5}$입니다. $\frac{1}{5}$은 $\frac{1}{3}$보다 작으므로 $\frac{4}{5}$가 $\frac{2}{3}$보다 큽니다. 하지만 $\frac{2}{7}$와 $\frac{5}{17}$ 중에서는 어떤 수가 더 클까요? 이럴 때 선택할 수 있는 1가지 방법이 바로 두 분수의 공통분모를 찾는 것입니다.

$$\frac{2}{7} = \frac{2 \times 17}{7 \times 17} = \frac{34}{119} \ , \ \frac{5}{17} = \frac{5 \times 7}{17 \times 7} = \frac{35}{119}$$

따라서 $\frac{5}{17}$가 더 큽니다. 사과 35개가 사과 34개보다 더 많듯이 말이지요. 두 분수가 공통분모를 가졌을 때는 분자가 더 큰 분수가 더 크답니다.

최소공배수

우리는 분모의 곱이 공통분모가 된다는 사실을 배웠습니다. 그리고 둘 이상의 분수의 분모를 같게 만드는 것을 통분이라고 했습니다. 학창 시절에 배웠던 공통분모를 기억하는 분들은 아마 놀랄지도 모르겠습니다. '이것이 공통분모야? 단지 분모끼리 곱하기만 했는데?'라고 말입니다. 공통분모는 악명이 높습니다. 학생들은 공통분모라는 이름만 들어도 몸서리를 쳤지요.

그것은 공통분모에 이따금 작은 혼란을 주는 요소가 존재하기 때문입니다. 예상했을지도 모르지만 그것은 바로 '최소공배수', 즉 분모의 공배수 중 가장 작은 수입니다. 이를 계산하는 것은 상당히 복잡합니다.

우선 앞에서 약수란 나누어떨어지는 수라고 했습니다. 배수는 곱한 수입니다. 즉 3을 1배, 2배, 3배…한 수, 즉 3, 6, 9…를 3의 배수라고 합니다. 공배수란 공통의 배수를 가리키며, 최소공배수란 두 수의 가장 작은 공배수를 뜻합니다. 예컨대 $\frac{1}{4}+\frac{1}{6}$ 이라는 식을 계산하려면 우리는 4와 6의 공배수를 찾아야 합니다. 우리는 분모를 서로 곱해 공배수를 찾는 법을 배웠습니다. 이 경우 공배수는 4×6, 즉 24가 됩니다. 하지만 4와 6 사이에는 12라는 더 작은 공배수인 최소공배수가 있습니다.

4의 배수: 4, 8, 12, 16, 20, 24…

6의 배수: 6, 12, 18, 24, 30, 36…

4와 6의 공배수: 12, 24…

이때 잠깐 아이들이 헷갈려하는 배수와 약수의 차이는 4와 6의 약수를 4와 6의 배수와 비교해 보면 확연히 알 수 있습니다.

4의 약수: 1, 2, 4

6의 약수: 1, 2, 3

4와 6의 공약수: 1, 2

우리가 최소공배수 구하는 법을 배워야 하는 데는 몇 가지 이유가 있습니다. 첫 번째 이유는 계산을 절약할 수 있기 때문입니다. 공통분모가 작을수록 곱해야 할 인수가 작아지지요. 두 번째 이유는 교육적인 면 때문입니다. 최소공배수를 찾다 보면 아이들은 분수를 더 잘 이해하게 됩니다. $\frac{1}{100}+\frac{1}{200}$ 을 풀어야 한다고 했을 때, 공통분모를 100과 200의 곱인 20000으로 구한 아이는 분수의 덧셈 의미 자체를 제대로 이해하지 못했을 가능성이 있습니다. 그저 기계적으로 계산하고 있는 것이지요. 세 번째 이유는 최소공배수를 찾으며 수를 여러 인수로 쪼개는 과정에서 다양한 분수의 유형을 알게 되기 때문입니다.

하지만 최소공배수를 통해 공통분모를 구하는 방식은 공통분모를 구하는 방법과 분리해서 가르쳐야 한다는 게 제 생각입니다.

대분수 연산

$\frac{17}{7}$과 같은 분수를 가분수라고 합니다. 일반적으로 우리가 다루는 분수는 그 크기가 항상 0보다 크고 1보다 작은 진분수입니다. 그런데 그 크기가 1과 같거나 1보다 큰 분수가 있는데, 바로 가분수입니다. 여기서 '가假'의 의미는 가짜, 임시라는 뜻으로, 임시로 만든 분수라는 뜻이지요.

가분수의 연산은 뭔가 보다 복잡할 것 같지만 의외로 쉽게 터득할 수 있습니다.

✎ 가분수를 대분수로 만드는 방법

가분수를 대분수로 만들기 위한 첫 번째 대답은 '그럴 필요가 없다!'

입니다. 그냥 놔두면 됩니다. 가분수는 가분수로 남아 있어도 괜찮습니다. 단지 가분수가 가진 하나의 불리한 점은 크기를 예측하기 어렵다는 것입니다. $\frac{17}{7}$의 크기를 가늠해 보기 위해서는 생각이 필요합니다. 하지만 $\frac{17}{7}$을 $2\frac{3}{7}$과 같은 대분수로 표현하면 그것이 2와 3 사이에 존재하는 수임을 쉽게 알아낼 수 있습니다.

$\frac{17}{7}$을 대분수로 바꾸려면 어떻게 해야 할까요? 분수에서 분모와 분자 사이에 그어진 가로선은 나눗셈을 나타냅니다. 그렇다면 나누면 되겠네요. $17 \div 7$을 한 결괏값은 바로 $2\frac{3}{7}$입니다.

가분수를 대분수로 바꾸기 위해서는
분자를 분모로 나누면 됩니다.

🖉 대분수의 덧셈과 뺄셈

대분수의 덧셈 원리는 십진수의 덧셈 원리와 아주 비슷합니다. 정수와 분수를 분리하여 각각 더하면 되지요. 만약 분수를 더했더니 정수로 묶이는 것이 있다면 그 값은 정수로 옮겨 주면 됩니다. $1\frac{3}{4} + 3\frac{1}{2}$을 예로 들어 보겠습니다.

$$1\frac{3}{4}+3\frac{1}{2}=1+3+\frac{3}{4}+\frac{1}{2}=4+\frac{3}{4}+\frac{2}{4}=4+\frac{5}{4}=4+1\frac{1}{4}=5\frac{1}{4}$$

대분수의 뺄셈 역시 십진수에서의 뺄셈 원리와 아주 비슷합니다.

$3\frac{5}{7} - 1\frac{2}{7}$ 라는 간단한 예시로 시작해 보겠습니다. 십진수에서는 십의 자릿수는 십의 자릿수끼리, 일의 자릿수는 일의 자릿수끼리 뺍니다. 대분수의 뺄셈에서는 정수는 정수끼리, 분수는 분수끼리 빼면 됩니다. 3-1은 2, $\frac{5}{7} - \frac{2}{7}$ 는 $\frac{3}{7}$ 이므로, 합하면 $2\frac{3}{7}$ 이 됩니다.

십진수에서처럼 대분수의 뺄셈에서도 받아내림이 있을 때는 문제가 복잡해집니다. 정수를 분수로 바꿔야 하지요. $3 - \frac{2}{7}$ 를 보세요. 3은 $\frac{2}{7}$ 를 뺄 수 있는 '분수 부분'을 가지고 있지 않습니다. 이럴 때는 어떻게 해야 할까요? 모양을 바꿔야 합니다. 3에서 1을 가지고 온 다음 1을 $\frac{7}{7}$ 로 바꾸는 것이지요. $1 = \frac{7}{7}$ 이니 말입니다. $\frac{7}{7}$ 에서는 $\frac{2}{7}$ 를 뺄 수 있습니다. 이를 정리하면 다음과 같습니다.

$$3 - \frac{2}{7} = 2 + \frac{7}{7} - \frac{2}{7} = 2 + \frac{5}{7} = 2\frac{5}{7}$$

조금 더 복잡한 예시를 풀어 보겠습니다. $5\frac{1}{4} - 3\frac{5}{6}$ 는 어떻게 계산할 수 있을까요? 이 예시의 문제점은 $\frac{1}{4}$ 이 $\frac{5}{6}$ 보다 작다는 데 있습니다. 만약 우리가 $\frac{1}{4} - \frac{5}{6}$ 를 그냥 계산한다면, 결괏값은 음수가 될 것입니다. 음수가 된다고 해서 세상이 끝나는 것은 아니지만, 우리는 아직 음수를 배우지 않았습니다.

그러므로 먼저 피감수의 정수 5에서 1을 $\frac{4}{4}$ 로 바꿉니다. 정수 5는 이제 정수 4만 남았고, $\frac{4}{4}$와 더해진 $\frac{1}{4}$은 $\frac{5}{4}$가 됩니다. 식으로 표현하면 다음과 같습니다.

$$4+\frac{5}{4}-3\frac{5}{6}=1+\frac{5}{4}-\frac{5}{6}$$

이제 $\frac{5}{4}-\frac{5}{6}$만 계산하면 됩니다. 4와 6의 최소공배수는 12이므로 첫 번째 분수는 3배만큼 커지고, 두 번째 분수는 2배만큼 커져야 합니다. 그 결과는 다음과 같습니다.

$$\frac{5\times3}{4\times3}-\frac{5\times2}{6\times2}=\frac{15}{12}-\frac{10}{12}=\frac{5}{12}$$

여기서 우리가 계산해야 하는 식이 $1+\frac{5}{4}-\frac{5}{6}$였다는 사실을 잊지 않았지요? $\frac{5}{4}-\frac{5}{6}=\frac{5}{12}$이므로, 결과는 $1\frac{5}{12}$입니다.

✎ 대분수의 곱셈과 나눗셈

대분수를 가분수로 변환하기

앞서 언급했듯이 가분수를 대분수로 변환해야 할 특별한 이유는 없습니다. 하지만 그와 반대로 대분수를 가분수로 변환해야 할 일은 자주 생깁니다. 그것은 곱셈과 나눗셈을 할 때 필요합니다. 예시를 통해 대분수를 어떻게 가분수로 변환하는지 살펴보겠습니다.

$3\frac{2}{7}$ 와 같은 대분수는 어떻게 가분수로 바꿀 수 있을까요? 정수 3은 7이 분모인 분수로 표현될 수 있습니다. 1은 $\frac{7}{7}$입니다. 따라서 $\frac{21}{7}$ ($\frac{7}{7} \times 3$)이 됩니다. 식은 다음과 같습니다.

$$3\frac{2}{7} = \frac{21}{7} + \frac{2}{7} = \frac{23}{7}$$

이것이 대분수를 가분수로 바꿀 때 필요한 변환 과정입니다.

방금 해낸 계산을 자세히 살펴보면, 간단한 규칙을 발견하게 될 것입니다. 분자 23은 $3\frac{2}{7}$ 중 정수 3을 분모 7로 곱한 다음 분자 2를 더하여 얻을 수 있습니다. 이 규칙을 사용해 $5\frac{1}{3}$ 을 전환해 보면, 다음과 같습니다.

$$5\frac{1}{3} = \frac{5 \times 3 + 1}{7} = \frac{16}{3}$$

대분수의 곱셈과 나눗셈

이제 우리는 대분수를 곱하고 나눌 차례입니다. 예를 들어 $1\frac{1}{2} \times 2\frac{1}{3}$ 을 풀어 봅시다. 분수가 곱셈과 나눗셈을 좋아한다는 사실은 앞에서도 이미 언급했습니다. 따라서 가분수 형태가 될지라도 대분수를 바꾸어야 합니다. $1\frac{1}{2} = \frac{3}{2}$ 이고, $2\frac{1}{3} = \frac{7}{3}$ 이므로 $1\frac{1}{2} \times 2\frac{1}{3}$ 은 다음과 같습니다.

$$\frac{3}{2} \times \frac{7}{3} = \frac{3 \times 7}{2 \times 3} = \frac{7}{2} = 3\frac{1}{2}$$

그럼 대분수는 어떻게 나눌까요? 대분수를 곱하는 방식과 같습니다. 예컨대 $1\frac{1}{2} \div 2\frac{1}{3}$ 이라는 나눗셈을 풀려면 먼저 대분수를 가분수로 바꿔야 합니다. 그리고 분수를 나눗셈하는 방법을 이용해 계산하면 됩니다. 다음과 같이 계산할 수 있습니다.

$$\frac{3}{2} \div \frac{7}{3} = \frac{3 \times 3}{2 \times 7} = \frac{9}{14}$$

4장

소수 편:

소수점 위치를 주의해야 한다

소수는 왜 생겨났을까요? 소수를 처음 발명한 사람은 시몬 스테빈 Simon Stevin 이라는 사람입니다.

상점 지배인이었던 그는 후에 군대에 들어가 경리 장교가 되었는데요. 빌린 군자금의 이자를 계산할 때마다 힘들어했다고 합니다. 당시 이자율은 $\frac{1}{10}, \frac{1}{11}, \frac{1}{12}$과 같이 분수를 사용했거든요. 복잡한 계산에 늘 힘들어하던 그는 고민하다가 $\frac{1}{11}$은 이와 가장 근접하면서도 계산이 편리한 $\frac{9}{100}$로 바꾸어 쓰고 $\frac{1}{12}$은 $\frac{8}{100}$로 바꾸어 쓰기 시작했습니다. 그러다 분모는 늘 정해져 있으니 분모를 생략해서 썼지요. 그런데 분모를 지우고 나니 $\frac{9}{100}$의 분자(9)와 자연수 9를 구별할 수가 없어져 ◎ 표시를 사용하기 시작했습니다. 소수에 대한 형태를 처음으로 제시한 것이지요.

분수의 불편함 때문에 생겨난 소수는 작은 숫자를 편리하게 표기할 수 있게 해줌으로써 새로운 세상을 열어 주었습니다. 이는 수학이 발전하는 데 많은 도움을 주었지요.

이런 의미를 알고 나니 소수가 더 재밌게 느껴지지 않나요? 소수는 아이들이 비교적 쉽게 받아들입니다. 다만 소수의 나눗셈은 그 자체보다 그것을 가지고 만든 다양한 응용 문제 때문에 아이들이 힘들어하는 경우가 많으므로 다양한 문제를 풀어 봐야 합니다.

소수란 무엇일까?

소수는 일의 자리보다 작은 자리의 값을 가진 수로, 분수와 십진법이 만난 결과입니다. 그래서 소수를 공부할 때 수직선을 통해 분수와 소수의 크기를 함께 비교하는 것이 좋습니다. 소수는 자리 값 체계를 분수에서도 적용할 수 있다는 사실에 기초합니다. 소수점 왼쪽으로는 일의 자리, 십의 자리, 백의 자리 등을 나타내는 숫자가 이어집니다. 소수점 오른쪽으로는 십분의 일의 자리, 백분의 일의 자리, 천분의 일의 자리 등을 나타내는 숫자가 이어지지요.

소수는 분수의 영역보다는 수의 십진 표기법 영역에 속합니다. 소수의 덧셈과 뺄셈은 자연수의 덧셈과 뺄셈만큼이나 간단하지요. 소수의 곱셈과 나눗셈은 잠깐 동안 소수점을 무시하고 보통 수처럼 계산한 다음, 소수점을 적절한 자리에 다시 가져다 놓으면 됩니다.

소수를 이용해 분수를 십진법으로 표기할 때 한 가지 단점이 있습니다. 그것은 바로 모든 분수를 소수로 표기할 수는 없다는 사실입니다. 분모의 인수로 2와 5를 포함하고 있는 분수만 소수로 표현할 수 있지요. 하지만 모든 분수는 비슷하게 소수로 근사치를 도출할 수 있습니다.

✐ 무한 소수, 순환 소수, 유한 소수

완벽한 것은 없습니다. 모든 분수를 소수로 표기할 수 없다는 점에서 소수도 마찬가지지요. 일부 분수를 제외하고 대부분의 분수는 십진법으로 표현될 때 '무한 소수' 형태를 취합니다. 무한 소수란 소수점 아래에 0이 아닌 수가 무한히 계속되는 수입니다.

가장 친숙한 예시는 분수 $\frac{1}{3}$의 표기입니다. $\frac{1}{3}$을 소수로 표기하면 0.333…이 됩니다. 숫자 뒤에 붙는 점 3개는 3이 무한하게 이어지는 것을 의미합니다. 0.333…=$\frac{1}{3}$이라는 등식의 의미는 0.3, 0.33, 0.333…과 같이, 갈수록 그 수가 점점 $\frac{1}{3}$에 가까워진다는 뜻입니다. $\frac{1}{3}$과 0.333…사이의 격차가 0에 한없이 가까워진다는 말입니다.

어느 지점에서 같은 숫자가 반복해서 나타나는 무한 소수를 '순환한다.'고 합니다. 예컨대 0.512121212…는 '순환 소수'입니다. 소수점 둘째 자리부터 12라는 숫자가 계속 반복되기 때문이지요. 이와 반대로 0.23이나 0.5처럼 소수점 아래의 숫자가 몇 개인지 셀 수 있는 수를 '유한 소수'라고 합니다.

✎ 소수 오른쪽에 0을 붙이는 것의 의미

보통 십진수 오른쪽에 0을 붙이면 그 십진수는 바뀝니다. 예를 들어 58이라는 수의 오른쪽에 0을 붙이면 580이 되지요. 하지만 소수에서는 이와 다르게 오른쪽에 0을 붙여도 그 소수를 바꾸지 못합니다. 5.8은 5.80과 똑같습니다.

왜 그럴까요? 일반적으로 수의 오른쪽에 0을 붙이면, 숫자의 자리 값이 전체적으로 옆으로 한 칸씩 이동하게 됩니다. 일의 자릿수는 십의 자릿수가 되는 것이지요. 하지만 소수에서는 소수점이 그러한 이동을 막습니다. 소수점이 각 숫자의 자리를 규정하므로, 0이 붙는다고 해서 변화가 생기지는 않습니다. 5.80에서 숫자 8은 5.8에서의 8과 마찬가지로 여전히 십분의 일에 해당하는 자릿수를 나타내지요.

소수의 계산

소수의 장점은 계산이 편리하다는 데 있습니다. 자연수의 덧셈, 뺄셈 원리와 같기 때문에 누구나 쉽게 할 수 있지요. 소수는 소수끼리 크기를 추정하고 비교하기도 쉽습니다.

여기에서 우리는 소수를 일반 분수로, 또 일반 분수를 소수로 표현하는 법과 소수에서 산술 연산을 계산하는 법을 배울 것입니다. 이것들을 배우기 위해서는 다음의 간단한 원리를 알고 있어야 합니다.

✎ 소수의 계산을 배우기 전에 알아야 하는 것

소수점이 왼쪽이나 오른쪽으로 이동하면 소수는 과연 어떻게 될까요? 예를 들어 57.34라는 수를 생각해 봅시다. 소수점이 오른쪽으로 1칸 이동하면 무슨 일이 생길까요? 결괏값은 573.4가 될 것입니다. 원래 십의 자리였던 5는 이제 백의 자릿수(500)가 되었습니다. 다시 말해서 이전보다 10배 더 큰 수가 되었지요. 7 역시 10배 커져서 십의 자릿수가 되었습니다. 즉 소수점이 오른쪽으로 이동하면 전체 수가 10배 더 커집니다. 이와는 반대로 소수점이 왼쪽으로 1칸 옮겨 가면 수는 10배 작아집니다. 예를 들어 57.34는 5.734가 되는 것이지요.

어떤 수를 10으로 곱하는 것은 소수점이 오른쪽으로 1칸 이동하는 것으로 표현할 수 있습니다. 2.34×10=23.4인 것처럼요. 그리고 어떤 수를 10으로 나누는 것은 소수점이 왼쪽으로 1칸 이동하는 것으로 표현할 수 있습니다. 23.4÷10=2.34이지요.

✎ 소수를 일반 분수로 바꾸기

모든 소수는 일반 분수로 표현할 수 있습니다. 소수 0.24를 예로 들어보겠습니다. 0.24를 일반 분수로 바꾸려면 소수가 표기된 방식을 이해해야 합니다.

우선 숫자 2는 십분의 일의 자리를 나타냅니다. 4는 백분의 일의 자리를 나타내지요. 이를 합쳐 표현해 보면 우리는 지금 십분의 일의 자리 2와 백분의 일의 자리 4를 가지고 있는 것입니다. 즉 $\frac{2}{10}+\frac{4}{100}$ 로 $\frac{24}{100}$가 되겠지요. 더 간단한 방법도 있습니다. 0.24에서 소수점을 오른쪽으로 2칸 옮겨 보세요. 이는 0.24를 100으로 곱한 것과 같습니다. 당연히 결괏값 24는 원래 수보다 100배가 더 큽니다. 따라서 다시 원래의 수로 돌아가기 위해서는 그 결괏값을 100으로 나누어야 합니다. 24÷100으로 $\frac{24}{100}$가 되겠지요.

✎ 일반 분수를 소수로 바꾸기

이제 우리는 반대로 일반 분수를 소수로 바꾸는 방법을 배울 것입니다. 십진수 계산이 분수 계산보다 간단할 때가 많으므로 매우 유용하지요. $\frac{2}{5}$를 소수로 바꿔 보겠습니다.

원리는 간단합니다. 먼저 분수가 나눗셈이라는 사실을 기억하세요. 그러니까 $\frac{2}{5}$=2÷5입니다. 자, 이제부터는 우리가 잘 아는 나눗셈을 하면 됩니다.

$$
5 \overline{)\,2} \quad 0
$$

이것이 계산의 첫 단계입니다. 2에는 5가 한 번도 포함되지 않습니다. 따라서 결괏값 일의 자리에 0을 씁니다. 나눗셈을 할 때 우리는 남은 수를 더 작은 단위로 바꿔 나눌 수 있을 때까지 나누었는데요. 이 경우에는 십분의 일의 자리로 내릴 수 있습니다. 그리고 여기에 소수점을 붙여 줄 것입니다.

```
        0
    ┌─────
  5 ) 2.0
```

이제 십분의 일의 자리 20을 5로 나눕니다. 20은 5를 4번 포함하므로, 십분의 일의 자리에 쓸 결괏값은 4입니다. 이제 결괏값에도 소수점을 찍어 표시합니다.

```
       0.4
    ┌──────
  5 ) 2.0
     -2.0
     ─────
        0
```

✏️ 소수의 덧셈과 뺄셈

소수의 덧셈과 뺄셈은 새로울 것이 없습니다. 우리가 지금까지 해온 덧셈, 뺄셈과 완전히 똑같기 때문입니다. 단지 기억해야 할 것은 소수점이 같은 열에 놓이도록 수를 잘 배치해야 한다는 것입니다. 예를 들면 다음과 같습니다.

```
예)
      2.34
   +15.8
   ‾‾‾‾‾‾‾
```

이렇듯 소수점을 기준으로 자리 값이 같은 위치에 놓이게 해야 합니다. 그런데 문득 의문이 생깁니다. '어? 2.34의 4 아래 공란은 어떻게 해야 하는 거지?' 하고 말입니다. 공란은 0을 의미합니다. 15.8은 백분의 일의 자릿수가 없습니다. 이럴 때는 0이 그 자리를 대신할 수 있습니다.

✎ 소수의 곱셈과 나눗셈

2.3×0.75는 어떻게 계산할까요? '소수점을 무시하고 두 수를 곱한 다음, 소수점을 올바른 위치에 찍어라.' 이것이 해답입니다. 23을 75로 곱하면 1725가 나옵니다. 그런 다음 1725를 1000으로 나누어서 결괏 값을 고칩니다. 이는 소수점을 왼쪽으로 3칸 옮기는 것을 뜻하므로 결괏값은 1.725가 됩니다. 그런데 왜 마지막에 1725를 1000으로 나누었을까요? $2.3×0.75=\frac{23}{10}×\frac{75}{100}$ 입니다. 즉 $\frac{23×75}{10×100}$ 이므로 1000으로 나눈 것이랍니다. 분수를 소수로 바꾸는 방법을 살필 때 소수의 나눗셈을 맛보기로 언급했는데요. 나눗셈 역시 기존 나눗셈 연산과 같습니다. 소수를 가지고 하는 것만 다르지요.

5장

비 편:

비와 비율의 차이를 알아야 한다

초등학교 수학에서 도형 영역을 제외하고 마지막으로 배우는 주제가 비와 비율입니다. 비는 나눗셈과 분수처럼 지금까지 배운 수학 개념들을 포함하고 있으며 실생활에서도 매우 유용하게 쓰입니다.

하지만 의외로 비를 어려워하는 아이들이 많은데, 비와 비율의 표현이 비슷해 개념이 헷갈리기 때문입니다. 그러므로 개념만 정확하게 잡아준다면 실생활에서 자주 접하는 만큼 무리 없이 받아들일 수 있습니다.

비와 비율은
어떻게 다른 걸까?

'비'란 두 수의 크기를 비교하는 것으로 A와 B 두 수를 비교할 때는 A:B라고 씁니다. 보통 A 대 B라고 읽지만 A와 B의 비, A의 B에 대한 비, B에 대한 A의 비라고도 읽습니다.

> 비교하는 양 : 기준량

'비율'이란 기준량에 대한 비교하는 양의 크기입니다. 비 A:B를 비율로 나타내면 $\frac{A}{B}$가 됩니다.

$$비율 = 비교하는 양 \div 기준량 = \frac{비교하는\ 양}{기준량}$$

비율을 나타내는 방법에는 백분율과 할푼리가 있습니다. 백분율은 뒤에서 자세히 다룰 예정입니다. 할푼리는 비율을 소수로 나타냈을 때 소수 첫째 자리를 '할', 소수 둘째 자리를 '푼', 소수 셋째 자리를 '리'라고 읽는 것을 말합니다.

비례식과 비례배분

두 수의 크기를 비교하는 비는 A:B라고 쓴다고 했습니다. 이때 ':' 앞에 있는 것을 '전항'이라고 하며, 뒤에 있는 것을 '후항'이라고 합니다.

비의 전항과 후항에 0이 아닌 같은 수를
곱하거나 나누어도 비율은 같습니다.

이것이 비의 성질입니다. 즉 3:4는 이를 2배한 6:8과 같습니다. 반대로 6:8은 이를 2로 나눈 3:4와 같지요. 그리고 이는 3:4=6:8로 표시할 수 있습니다. 이처럼 비율이 같은 두 비를 '=' 기호를 사용해 나타낸 것을 '비례식'이라고 합니다. 비례식 바깥쪽에 있는 것을 '외항', 안쪽에 있는 것을 '내항'이라고 합니다.

비례식을 이용해 비의 성질을 나타내면 다음과 같습니다.

예 1은 3:4가 전항과 후항에 2를 곱한 6:8과 비율이 같음을 나타냅니다. 예 2는 14:49가 전항과 후항을 7로 나눈 2:7과 비율이 같음을 나타냅니다.

비례식에서 외항의 곱과 내항의 곱은 같습니다.

이것을 비례식의 성질이라고 합니다. 위의 예 1, 2를 살펴봐도 이 사실을 확인할 수 있습니다. 예 1에서 외항의 곱 $3×8$은 내항의 곱 $4×6$과 같습니다. 예 2에서도 외항의 곱 $14×7$은 내항의 곱 $49×2$와 같습니다. 이를 활용해 다음의 문제를 풀 수 있습니다.

바닷물 2L를 증발시키면 50g의 소금을 얻을 수 있습니다. 소금 500g 을 얻으려면 바닷물 몇 L를 증발시켜야 할까요?

외항의 곱과 내항의 곱이 같다는 비례식의 성질을 이용해 2:50 = □:500이므로, 2×500=50×□입니다. 따라서 □는 20이 됩니다. 즉 20L를 증발시켜야 하지요.

이제 우리는 전체의 양을 주어진 비로 나눌 수 있습니다. 이처럼 전체의 양을 주어진 비로 나누는 것을 '비례배분'이라고 합니다.

철수와 영희는 빵 10개를 3:2로 나누어 가지려고 합니다. 빵을 어떻게 나누어야 할까요?

전체를 3:2로 나눈다는 말은 전체를 5등분(3+2)하여 철수는 $\frac{3}{5}$을, 영희는 $\frac{2}{5}$를 가진다는 뜻입니다. 즉 10개를 3:2로 나누어 가지면 철수는 10의 $\frac{3}{5}$인 6개, 영희는 10의 $\frac{2}{5}$인 4개를 가지게 됩니다.

비의 계산

비와 비율이 무엇인지, 또 비례식과 비례배분은 무엇인지에 대해 살펴보았습니다. 이제 우리는 이를 바탕으로 다양한 비에 관한 문제를 풀 수 있습니다. 사실 비례식이나 비례배분이 무엇인지 그 명칭에 대해 잘 몰라도, 개념을 정확히 이해했다면 얼마든지 문제를 풀 수 있습니다. 비에 관한 문제는 2단계로 구분해 접근할 수 있습니다. 첫 번째 단계는 비율을 계산하는 것이며, 두 번째 단계는 계산해 낸 비율을 사용하는 것입니다.

✎ 비율 활용해 계산하기

2단계 중에서 두 번째 단계가 더 간단한데, 그 이유는 나눗셈 없이 곱셈만 수행하면 되기 때문입니다. 그래서 저는 비에 관한 문제를 가르칠 때면 두 번째 단계를 먼저 가르치곤 합니다. 다음 예시를 살펴보겠습니다.

> 1시간에 50킬로미터를 주행하는 차가 있습니다. 이 차는 3시간 동안 몇 킬로미터를 주행할까요?

우리는 단위당 비율을 이미 알고 있습니다. 따라서 답은 3×50, 즉 150킬로미터가 됩니다. 이러한 유형의 예제를 지겹도록 반복해서 풀어 봐야 합니다. '만약 어떤 차가 1시간에 40킬로미터를 주행한다면, $3\frac{1}{2}$시간 동안에는 몇 킬로미터를 주행할까요?' '일꾼이 1시간에 구덩이를 3개 판다면, 4시간 동안 몇 개의 구덩이를 팔 수 있을까요?' '만약 대니가 일주일에 용돈을 10달러씩 받는다면, 5주 동안 모두 몇 달러의 용돈을 받을까요?'와 같은 문제가 여기에 해당하지요.

✎ 비율 계산하기

이제 비에 관한 문제를 푸는 첫 번째 단계인 비율 계산에 대해 알아보겠습니다. 수량 B에 대한 수량 A의 비율을 계산하려면(즉 수량 B의 단위당 수량 A의 단위가 얼마나 많이 포함되는가를 알아보려면) 수량 A를 수량 B로 나누어야 합니다. 예제를 한번 봅시다.

> 한 무리의 농장주들이 3시간 동안 90그루의 나무를 심습니다. 1시간 동안에는 모두 몇 그루의 나무를 심을까요?

1시간 동안 심은 나무는 3시간 동안 심은 나무보다 3배 적을 것입니다. 즉 90÷3을 한 값인 30그루의 나무를 심겠지요. 이 문제는 3:90=1:□라는 식을 만들어 계산할 수도 있습니다. 이러한 문제를 계속 반복해서 풀어 봐야 합니다. 예제는 다음과 같습니다. '2시간에 100킬로미터를 주행하는 자동차가 있습니다. 그 차는 1시간에 몇 킬로미터를 주행할까요?' '키가 2미터인 나무가 6미터의 그림자를 드리웠습니다. 키가 1미터인 나무가 드리우는 그림자 길이는 얼마일까요?'

✍ 비례 문제 풀기

이 단계들을 완벽하게 이해했다면, 비례 문제는 쉬워집니다.

> 한 일꾼이 2시간 동안 도로에 타일 50개를 포장합니다. 5시간 동안 모두 몇 개의 타일을 포장할 수 있을까요?

앞서 언급했듯이 첫 번째 단계는 비율을 계산하는 것입니다. 50÷2이므로 매시간 그 일꾼이 25개의 타일을 포장한다는 것을 알았습니다. 두 번째 단계는 이 비율을 이용하는 것입니다. 일꾼이 1시간에 25개의 타일을 포장한다면, 5시간 동안에는 5배 더 많은 125개의 타일을 포장할 것입니다.

여기에 다른 유형의 질문이 있습니다.

한 무리의 일꾼들이 3시간 동안 90그루의 나무를 심을 수 있습니다. 600그루의 나무를 심는 데 모두 몇 시간이 걸릴까요?

다시 비율을 계산하는 것에서 풀이를 시작해 보겠습니다. 1시간에 몇 그루의 나무를 심는지부터 알아내야 하지요. 90÷3이므로 일꾼들은 1시간에 30그루의 나무를 심습니다. 그렇다면 600그루를 심는 데 30그루가 몇 번 반복되어야 하는지 알아내면 그 시간을 알 수 있겠지요. 600÷30을 하면 20시간이 나옵니다.

이렇게도 풀 수 있습니다. 필요한 나무의 수 600그루는 주어진 나무의 수 90그루보다 $\frac{600}{90}$배 더 큽니다. 따라서 시간 또한 $\frac{600}{90}$배 더 들겠지요. 즉 $3 \times \frac{600}{90} = 20$시간이 걸립니다. 또 다른 풀이 방법은 다음과 같습니다. 나무 1그루를 심는 데 걸리는 시간은 얼마일까요? 90그루를 심는 데 3시간이 걸렸다면, 1그루를 심는 데는 $\frac{1}{30}(=\frac{3}{90})$시간 걸릴 것입니다. 따라서 600그루를 심는 데 걸리는 시간은 $600 \times \frac{1}{30} = 20$시간이 됩니다.

백분율이란 무엇일까?

　모든 분수가 똑같은 분모를 가진다면 얼마나 편리할까요? 분수를 더하고 빼는 일뿐만 아니라 크기를 비교하는 일도 정말 쉬울 것입니다. 그런데 이런 일이 16~17세기 무렵 이탈리아에서 일어났습니다. 선택된 공통분모는 바로 100이었습니다. 이 $\frac{1}{100}$이라는 분수에 '퍼센트'라는 특별한 이름이 주어졌습니다. 이 용어는 라틴어에서 유래했는데, '백 (100)마다'라는 뜻입니다. 이처럼 전체 수량을 100으로 했을 때 그것에 대해 가지는 비율을 '백분율'이라고 합니다. 기호는 '%'를 쓰지요.

　1%는 $\frac{1}{100}$ 입니다. 50%는 $\frac{50}{100}$, 즉 절반을 의미하지요. 100%는 $\frac{100}{100}$이니까 전체를 뜻하고요. 0.1%는 $\frac{1}{100}$의 $\frac{1}{10}$로, $\frac{1}{1000}$이 됩니다.

✎ 실용적인 백분율

백분율은 어떤 새로운 수학적 개념을 뜻한다기보다 실용적인 측면이 큽니다. 소수와 크게 다르지도 않습니다. 예를 들어 24%는 $\frac{24}{100}$를 뜻하므로, 결국 0.24입니다. 백분율로 표현될 수 있는 수는 무엇이든지 소수로도 표현될 수 있습니다.

백분율의 장점은 정확성을 올바르게 측정하는 도구가 된다는 점에 있습니다. 백분율 덕분에 우리는 다른 무엇보다도 분수를 쉽게 비교할 수 있게 되었습니다. 예를 들어 미국의 실업률이 10.3%이고 독일의 실업률이 11.5%라고 한다면, 우리는 어느 곳의 실업률이 더 높은지 바로 알 수 있습니다. 또 계산하기 쉽다는 장점도 있지요.

✎ 백분율을 분수로, 분수를 백분율로 바꾸기

어떻게 24%를 분수로 바꿀 수 있을까요? 이보다 더 쉬운 것은 없을 겁니다. 백분율의 정의에 따라 24%는 24를 100으로 나눈 값인 $\frac{24}{100}$입니다.

백분율을 분수로 만들려면 100으로 나누기만 하면 됩니다.

반대로 분수를 백분율로 바꾸려면 어떻게 해야 할까요? 백분율을 분수로 전환할 때 100으로 나누었다면, 분수를 백분율로 전환할 때는 100

을 곱하면 됩니다. 예를 들어 $\frac{1}{4}$을 백분율로 나타내려면 100을 곱해 주면 됩니다. 즉 $\frac{1}{4} \times 100 = 25$이므로 $\frac{1}{4}$은 25%가 됩니다. 이 결괏값을 한번 검산해 볼까요? 25%는 $\frac{25}{100}$이므로, 약분하면 $\frac{1}{4}$이 됩니다.

다음 문제를 통해 백분율 계산법을 보다 자세히 살펴보겠습니다.

급여가 10% 인상되어 이제 당신은 매달 1,100달러를 받게 되었습니다. 인상되기 전 당신이 받던 급여는 얼마입니까?

이 문제는 매우 간단해 보입니다. '10%가 인상되었다고? 원래 급여로 돌아가려면 10%를 빼면 되겠지! 1100의 10%는 110이야. 따라서 원래 급여는 1100-110, 즉 990달러가 되겠군!' 이는 우리가 흔히 저지르는 실수입니다. 자세히 검토해 봅시다. 원래 급여가 정말로 990달러였다고 가정해 봅시다. 990의 10%는 99달러입니다. 따라서 990에 99를 더하면 1,089로, 1,100달러가 아닙니다. 우리가 저지른 실수는 인상된 급여의 10%를 뺐다는 점입니다.

어떤 수의 10%는 그 수의 $\frac{1}{10}$이므로 10%를 더하는 것은 $\frac{1}{10}$을 더하는 것입니다. 그 수 자체는 물론 $\frac{10}{10}$입니다. 즉 10%를 더한다는 것은 그 수가 $\frac{10}{10} + \frac{1}{10}$ 하여 $\frac{11}{10}$이 된다는 것입니다. 이는 그 수를 $\frac{11}{10}$이나 1.1로 곱하는 것을 의미하지요.

이제 우리는 위의 질문에 대답할 수 있습니다. 급여가 10% 인상된 금액은 급여를 1.1로 곱한 값과 같습니다. 따라서 원래 급여로 돌아가려면, 새로운 급여를 1.1로 나누어야 하지요. 만약 곱셈의 결과가 1100이라면, 원래 급여는 1100÷1.1=11000÷11이므로 1,000달러가 됩니다.

대학에서는 경험하지 못한,
초등 아이들을 가르치며 느낀 기쁨

제가 대학에서 했던 강의 중에는 좋은 강의도 있었고 아쉬웠던 강의도 있었지만, 강의가 끝나면 대개 잊었습니다. 그런데 초등학교에서 제가 한 경험은 완전히 달랐습니다. 수업이 엉망인 날에는 하염없이 속이 상한 채 집에 돌아왔고, 제가 생각하기에도 멋진 수업을 한 날에는 행복한 마음으로 퇴근했습니다. 그 이유는 아마도 초등학교 아이들의 반응이 대학생들보다 직접적이고 생생한 데다 저 스스로도 무엇을 실수했고 어디에서 잘했는지를 알았기 때문일 것입니다.

하지만 그 무엇보다 만족스러운 수업을 한 날에는 아이들과 하나가 된 듯 교감하였는데, 감정적인 공유만이 아니라 지식의 공유가 이루어질 때의 짜릿함은 엄청난 보람을 느끼게 합니다. 이 책을 읽고 같이 따라 해보았다면 제 말에 공감하리라 생각합니다.

저는 이 책을 통해 제 능력이 닿는 한 가정에서도 이를 느낄 수 있도록 노력했습니다. 물론 한 권의 책에 초등 수학을 가르치는 모든 이론과 실천법을 담을 수는 없습니다. 다만 가장 중요한 핵심을 중심으로, 학습 순서에 따라 챕터를 구성하고 많은 지도 아이디어를 담고자 하였습니다. 그리하여 초등 수학의 주요 뼈대가 되는 원리와 연산 영역을 확실히 다질 수 있도록 하였습니다. 이것이 제가 이 책을 통해 이루고자 애쓴 목표입니다.

책도 스스로 생명력을 가지는 듯합니다. 저자가 책을 이끄는 것 못지않게 가끔은 책이 저자를 이끌기도 하지요. 이 책 역시 처음 의도와 달리 내용이 조금 더 다채로워졌습니다. 초등학교에서 학생들을 가르치면서 제가 얻은 통찰 중 하나는 초등 수학이 전혀 단순하지 않다는 사실입니다. 학문의 정점에서 느낄 수 있는 아름다움은 물론이고, 깊이가 있었습니다. 저의 이러한 통찰이 이 책에 녹아들어 수학은 왜 어려운 것인지, 수는 어떻게 발명되었는지, 왜 수학을 아름답다고 하는지 등 수학의 바탕이 되는 이야기들을 함께 소개하였습니다. 그러다 보니 이 책은 처음에 염두에 두었던 학부모만이 아니라 어릴 적 배운 수학을 다른 각도에서 다시 접하고 싶은 성인에게까지 독자층이 확대되었습니다. 성인 독자들에게 수학을 제대로 이해하는 두 번째 기회를 제공하지요. 어렸을 때 도무지 이해할 수 없었던 분수의 곱셈이나 나눗셈의 원리를 깨닫게 됩니다. 그때 내가 무엇을 놓쳤기 때문에 수학을 싫어하게 된 것인지도요.

사실 이를 안다고 해도 가르치는 일은 또 다른 문제입니다. 부단한 노력과 연습, 풀이, 경험이 필요합니다. 이 책이 그 여정을 조금이나마 가볍게 만들어 주었기를 진심으로 바랍니다.

옮긴이 **양원정**

한양대학교에서 의류학 석사학위를 취득하였고 방송대학교 영어영문학과를 졸업했다. 휠라코리아에서 마케터로 근무하였으며, 글밥아카데미 수료 후 현재 바른번역 소속 번역가로 활동하고 있다. 옮긴 책으로 『예민한 아이 육아법은 따로 있다』, 『부모의 육아 습관이 예민한 아이를 키운다』 등이 있다.

부모는 쉽게 가르치고 아이는 바로 이해하는 초등 수학

초판 1쇄 발행 2020년 7월 15일
초판 7쇄 발행 2023년 1월 15일

지은이 론 아하로니 **옮긴이** 양원정 **펴낸이** 김종길 **펴낸 곳** 글담출판사

기획편집 이은지·이경숙·김보라·김윤아
마케팅 성홍진 **디자인** 손소정 **홍보** 김민지 **관리** 김예솔

출판등록 1998년 12월 30일 제2013-000314호
주소 (04029) 서울시 마포구 월드컵로 8길 41
전화 (02) 998-7030 **팩스** (02) 998-7924
페이스북 www.facebook.com/geuldam4u **인스타그램** geuldam
블로그 http://blog.naver.com/geuldam4u

ISBN 979-11-86650-91-2 (03370)
* 책값은 뒤표지에 있습니다.
* 잘못된 책은 구입하신 곳에서 바꾸어 드립니다.

* 이 도서의 국립중앙도서관 출판시도서목록(CIP)은 e-CIP 홈페이지(www.nl.go.kr/ecip)와 국가자료공동목록시스템(www.nl.go.kr/kolisnet)에서 이용하실 수 있습니다. (CIP 제어번호 : 2020024376)

만든 사람들 ————————
책임편집 이경숙 **디자인** 엄재선

글담출판에서는 참신한 발상, 따뜻한 시선을 가진 원고를 기다리고 있습니다.
원고는 글담출판 블로그와 이메일을 이용해 보내주세요. 여러분의 소중한 경험과 지식을 나누세요.
블로그 http://blog.naver.com/geuldam4u 이메일 to_geuldam@geuldam.com